Hallo,
schön, dass du da bist!

Warum ist Baden in Mineralwasser gesund?
Kann ein Auto an der Decke fahren?
Wo kannst du deinen eigenen Spielplatz bauen?

Stuttgart – das ist eine ganz tolle Stadt. Egal ob du Theater
spielen oder eislaufen möchtest, ob du in ein Museum
voller Tiere oder Autos willst oder doch am liebsten einen
Tag in der Natur verbringen magst, das alles kannst du
in Stuttgart erleben.

Die Hauptstadt von Baden-Württemberg ist eine ganz grüne
Stadt. Es gibt viele Wälder und Parks in der Stadt. Streichle Esel
auf dem Killesberg, füttere Hasen auf dem Stadtteilbauernhof
in Bad Cannstatt oder werde auf dem Sonnenhof zum
Bienenexperten. Du kannst aber auch wie ein echter Fußball-
profi mit Musik in das Stadion einlaufen oder dich in
der Sprungbude wie ein Basketballprofi fühlen.
Besuche mit Freunden die Dinos in der Steinzeit, buddle
Fossilien aus oder unternimm mit deiner Familie eine
Bootstour in den Stuttgarter Hafen.

Du wirst sicherlich ganz viele Dinge in Stuttgart entdecken,
die du bislang noch nicht kanntest. Es warten viele
Abenteuer in dieser Stadt auf dich, versprochen.

Viel Spaß beim Ausprobieren und Entdecken!

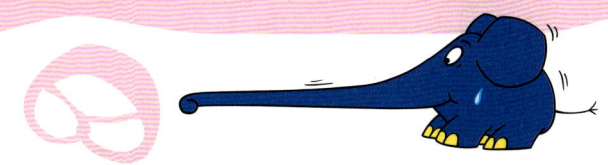

Geschichte & Museen

Gebäude & Bauwerke

Tiere & Pflanzen

1

Mercedes-Benz Museum, oder:
WER HAT DAS ERSTE AUTO DER WELT ERFUNDEN?

Die ersten Autos der Welt waren ziemlich gemächlich unterwegs. Gerade einmal 16 Kilometer pro Stunde waren sie schnell. Im Mercedes-Benz Museum entdeckst du fast jedes erdenkliche Fahrzeug: angefangen bei der motorisierten Kutsche bis hin zum Rennwagen. Sogar den Mannschaftsbus der deutschen Fußball-Nationalmannschaft kannst du bestaunen oder dir anhören, wie echte Rennautos klingen.

Du steigst in einen Aufzug. Er sieht ein bisschen wie eine Weltraumkapsel aus einem Science-Fiction-Film aus und chauffiert dich in die oberste Etage des Mercedes-Benz

Museums. Hier beginnt der Rundgang durch die neun Etagen. Entdecken kannst du die Ausstellung auf zwei unterschiedlichen Rundgängen namens „Mythos", und „Collection". Die sieben Mythosräume erzählen dir die Firmengeschichte von Mercedes-Benz. In den Collections-Räumen hat das Museum Autos zu verschiedenen Themen gesammelt. So zeigt zum Beispiel die „Galerie der Reisen" alle Fahrzeuge aus allen Epochen, die etwas mit dem Thema Reisen zu tun haben. In der „Galerie der Helfer" entdeckst du Kraftfahrzeuge, Feuerwehr- oder Müllautos. Zwischen den beiden Rundgängen kannst du jederzeit wechseln.

Tatsächlich beginnt die Geschichte des Automobils im Jahr 1886. Carl Benz präsentiert den in Mannheim entwickelten ersten dreirädrigen Motorwagen und hat somit das erste Auto der Welt erfunden. Fast gleichzeitig, aber doch etwas später, bringt Gottlieb Daimler die erste Motorkutsche mit vier Rädern auf den Markt. Das Automobil ist geboren. Das Wort Automobil stammt übrigens aus dem Griechischen und bedeutet übersetzt so viel wie „sich selbst bewegend". Den Grundstein für die Erfindung des Autos legte allerdings ein anderer Mann. Nikolaus August Otto ist der Erfinder des Motors. Noch heute sind deshalb mit Benzin angetriebene Motoren nach ihm benannt. Sie heißen Ottomotoren.

Das kostenlose Entdecker-Buch für Kinder !

Die erste Überlandfahrt

Die ersten Autos waren mit 16 Kilometern pro Stunde nicht viel schneller als die Fahrräder heute. Überhaupt fuhren am Anfang nur sehr wenige Autos auf den Straßen. Es gab nicht viele Menschen, die sich ein Auto und einen Chauffeur leisten konnten, und es dauerte viele Jahre, bis das Automobil in Serienproduktion ging.

Die allererste längere Autofahrt unternahm übrigens nicht Carl Benz selbst, sondern seine Frau Bertha. Ohne dass ihr Mann davon wusste, schnappte sie sich an einem Augusttag 1888 ihre beiden Söhne und machte sich in Richtung Pforzheim auf. 106 Kilometer schafften sie an einem Tag mit dem Auto und bewiesen so der Welt, zu was ein Auto fähig ist. Tankstellen gab es damals noch nicht und so kaufte Bertha den Kraftstoff unterwegs in Apotheken ein.

Technik des letzten Jahrhunderts

Zusätzlich zur Geschichte des Automobils erfährst du im Museum auch, was sonst so auf der Welt passierte und wie viele technische Erfindungen zu Beginn des letzten Jahrhunderts gemacht wurden. Das Museum erkundest du entweder allein auf eigene Faust oder du nimmst an einer speziellen Kinderführung für dein Alter teil. Am Eingang kannst du dir kostenlos einen Audio-Guide leihen. Dieser führt dich dann auf Deutsch oder Englisch auf einer speziellen Kindertour durch das Museum.

MERCEDES-BENZ MUSEUM

Mercedesstraße 100
70372 Stuttgart

Tel. (07 11) 1 73 00 00
www.mercedes-benz.com

Dein Luftballon-Rennauto

Du möchtest ein Auto, das ohne Motor fährt? Dann nutze die Luft-Kraft. Für den Bau des kleinen Flitzers brauchst du folgende Dinge:

Material

- leeres, kleines Trinkpäckchen
- 4 Deckel einer PET-Flasche
- 2 Holzschaschlikspieße
- einen Strohhalm
- Luftballon
- Klebeband
- Hammer
- einen spitzen Gegenstand zum Bohren
- Schere

Anleitung

Zuerst legst du einen Schaschlikspieß quer über die kurze Unterseite des Päckchens. Schneide den Spieß so ab, dass er auf jeder Seite 0,5 Zentimeter über das Päckchen hinaussteht. Schneide den anderen Spieß genau gleich groß. Mit einem spitzen Gegenstand und einem Hammer machst du in alle vier Deckel mittig ein kleines Loch, sodass die Spieße hindurchpassen. Jetzt steckst du erst ein Ende des Spießes von innen in das Loch des Deckels und dann das andere. Mache es auch mit dem zweiten Spieß so. Jetzt klebst du die Radpaare an den Spießen mit etwas Abstand zueinander mit Klebeband am Trinkpäckchen fest. Dann ziehst du den Ballon über den Strohhalm und wickelst das Klebeband fest darum, sodass keine Luft beim Aufblasen entweichen kann. Anschließend klebst du den Ballonstrohhalm auf das Dach des Fahrzeugs. Puste den Ballon auf, lasse die Luft entweichen und schon flitzt das Auto quer durchs Zimmer.

2

Schweinemuseum, oder:
WARUM SPAREN MENSCHEN IHR GELD IN SPARSCHWEINEN?

Im Schweinemuseum in Stuttgart Ost wimmelt es nur so von Schweinen. Egal, ob große oder kleine, kuschelige oder borstige: Es gibt kein Schwein, das es hier nicht gibt. Natürlich sind es keine lebenden Schweine, sondern Sammlerstücke aus der ganzen Welt.

Etwas verrückt ist das Schweinemuseum in einem Gebäude namens Schlachthof ja schon. Über 50.000 Schweine haben dort seit 2010 ein Zuhause gefunden. Zu verdanken ist das der Sammlerliebe der Gastronomin Erika Wilhelmer. Aus einem Hobby heraus begann sie Ferkel aus aller Welt zusammenzutragen. Irgendwann waren es so viele, dass sie das Schweinemuseum gründete. Im Museum verteilen sich 25 Themenräume auf drei Stockwerke und erzählen dir alles, was du über das Schwein wissen musst. Ein Raum sieht aus wie ein Wald. Hier sind die Wildschweine zu Hause. Wusstest du, dass der älteste Fossilienfund eines Wildschweins ganze sechs Millionen Jahre alt ist? Oder dass Wildschweine zwar schlecht sehen, aber gut hören und sogar noch besser riechen können als Hunde?

Alles über Schweine

Ein anderer Raum beschäftigt sich mit dem Thema „das Schwein in der Medizin". Das Erbgut vom Schwein und vom Menschen ist tatsächlich zu beinahe 90 Prozent identisch. Deshalb ist das Schwein für die Wissenschaft ganz wichtig.

Info

SCHWEINEMUSEUM
Alter Schlachthof Stuttgart
Schlachthofstraße 2 a
70188 Stuttgart

Tel. (07 11) 66 41 96 00
www.schweinemuseum.de

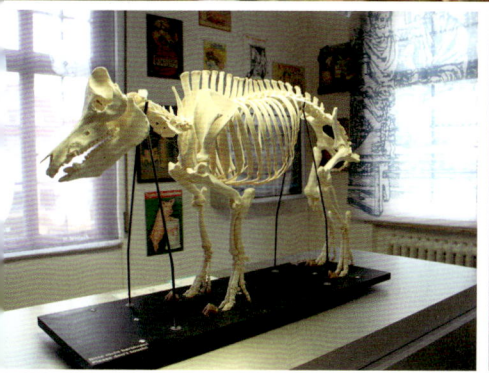

Menschen mit Herzfehlern bekommen oft Herzklappen von Schweinen transplantiert und früher wurde das Medikament Insulin für Diabetiker von Schweinen gewonnen. Das Museum erklärt dir auch, wie sehr das Schwein unsere Sprache prägt, warum das Schwein ein Glückssymbol ist und warum du dein Geld in einem Sparschwein sammelst. Schweine haben nämlich die Eigenschaft, dass sie sehr schnell sehr groß und schwer werden und sich vor allem sehr schnell vermehren. Schweine sind nur 3 Monate lang schwanger und können demnach bis zu viermal im Jahr Junge werfen. Die Menschen hatten daher die Hoffnung, dass, wenn sie Geld in Schweine stecken, sich das Vermögen genauso schnell vermehrt wie das Schwein selbst und sie so schnell reich werden würden.

Es gibt spezielle Kinderführungen und ein Quiz

3 Das Kindermuseum in Stuttgart, oder:

WARUM HEISST DAS MUSEUM JUNGES SCHLOSS, WENN ES DOCH GANZ ALT IST?

Ein Museum nur für Kinder befindet sich direkt im Herzen der Stuttgarter Innenstadt. Jedes Jahr im Herbst wechselt das Ausstellungsprogramm. Doch eins bleibt immer gleich. Hier im Museum darfst du spielen, toben, dich verkleiden, lesen und basteln.

Nur mit Socken an den Füßen betrittst du das Museum. Neben dir steht ein Kind, das sich gerade als Zauberer verkleidet. Du selbst schnappst dir die Zipfelmütze und wirst zum Kasperle. Denn in der Mitmach-Ausstellung des Kindermuseums kannst du dich verkleiden. Je nach Ausstellung wirst du mal zum Räuber Hotzenplotz, zum Ritter oder auch ein Superheld.

Das Kindermuseum gehört zum Landesmuseum Württemberg und befindet sich im Alten Schloss in Stuttgart, ganz in der Nähe vom Schlossplatz. Junges Museum heißt es deswegen, weil es sich an die jungen Besucher, an die Kinder richtet. Jedes Jahr im Herbst beginnt eine neue Mitmach-Ausstellung, die bis etwa zum Sommeranfang des Folgejahres läuft. Die Ausstellungen drehen sich immer um Themen der regionalen Geschichte.

Info

LANDESMUSEUM WÜRTTEMBERG
JUNGES SCHLOSS – DAS KINDERMUSEUM IN STUTTGART
Schillerplatz 6
70173 Stuttgart

Tel. (07 11) 89 53 51 11
www.junges-schloss.de

Spannende Mitmach-Ausstellung

Jetzt fragst du dich vielleicht, was denn zum Beispiel der Räuber Hotzenplotz mit unserer Region zu tun hat. Geschrieben hat die Geschichte des Räubers Hotzenplotz der berühmte Autor Otfried Preußler. Er kommt allerdings nicht aus Stuttgart. Dafür aber der Thienemann-Esslinger Verlag, der die Bücher von Otfried Preußler herausgibt und die Ausstellung im Museum mit entworfen hat.

In den Jahren zuvor handelten die Mitmach-Ausstellungen mal von römischer Baukultur, mal von Rittern und mal von den 7 SuperSchwaben. Diese sieben sind Berühmtheiten aus der Region. Mit dabei waren der Astronom Johannes Kepler, der Dichter Friedrich Schiller, der Ingenieur Gottlieb Daimler, die Unternehmerin Margarete Steiff, die Widerstandskämpferin Sophie Scholl und auch der Fußballstar Sami Khedira.

Egal, was für eine Ausstellung gerade zu sehen ist, du solltest sie unbedingt besuchen. Es warten immer spannende Rätsel, Bastelaktionen oder Theaterstücke auf dich.

Zu jeder Ausstellung gibt es ein tolles Rahmenprogramm!

4

Feuerwehrmuseum, oder:
WAS HAT KAISER NAPOLEON MIT DER FEUERWEHR ZU TUN?

Im Stuttgarter Feuerwehrmuseum erfährst du, wie früher Feuer gelöscht wurde, wie Feuerwehrautos noch vor rund 80 Jahren aussahen und seit wann es überhaupt eine Feuerwehr gibt. Steige in eines der Autos und werde zum Feuerwehrhauptmann!

Große Brände gab es schon immer, Feuerwehrautos und elektrische Wasserpumpen allerdings nicht. Wie löschten also früher die Menschen Feuer? Heute schließt man die Schläuche an Wasserhydranten an. Auch das gab es früher nicht. Die Schläuche waren nicht selbstsaugend und mussten von den Feuerwehrleuten mit Wasser aus sogenannten Löscheimern gefüllt werden.

Das alles erfährst du im Stuttgarter Feuerwehrmuseum. Dort sind 25 Feuerwehrfahrzeuge ab den 40er-Jahren des letzten Jahrhunderts ausgestellt. Fast alle dieser Autos waren früher bei der Stuttgarter Feuerwehr im Einsatz. Außer den Löschfahrzeugen erkundest du auch die Drehleitern, einen Feuerwehrkran und einen Spezialrüstwagen. Das Museum besitzt aber noch viele historische Ausstellungsstücke wie Feuerwehruniformen oder Wasserleitungen aus Holz. Tatsächlich wurden die Wasserspritzen früher wie normale Wasserpumpen von Hand betrieben. Die Feuerwehrmänner mussten also ganz schön schwer arbeiten, damit das Wasser aus den Leitungen spritzte.

STUTTGARTER FEUERWEHR-MUSEUM

Murgtalstraße 60
70376 Stuttgart

Tel. (01 60) 94 86 56 26
www.stuttgarter-feuerwehrmuseum.de

Freiwillige Feuerwehr aus Frankreich

Bis zum Anfang des 19. Jahrhunderts war das Feuerlöschen jedermanns eigene Angelegenheit. Wenn es bei einem selbst brannte, konnte man nur darauf hoffen, dass die Nachbarn beim Löschen mithalfen. Es war der französische Kaiser Napoleon, der 1811 nach einem verheerenden Brand auf seiner eigenen Hochzeit eine erste freiwillige Feuerwehr organisierte. Auch in Deutschland wurden bald immer mehr freiwillige Feuerwehren gegründet. Weil das Brandlöschen viel Kraft erforderte, fand die Feuerwehr ihre Helfer meist in den ortsansässigen Sportvereinen. 1835 gründeten Sportsfreunde aus Kierspe-Neuenhaus im heutigen Nordrhein-Westfalen die „Spritzengemeinschaft". Sie ist die erste deutsche freiwillige Feuerwehr, die noch immer besteht.

Es gibt auch Führungen für Schulklassen

5

Straßenbahnmuseum Stuttgart, oder:
SEIT WANN GIBT ES STRASSENBAHNEN IN STUTTGART?

In einer Wagenhalle mitten in Bad Cannstatt befindet sich das Straßenbahnmuseum. Auf 20 Gleisen stellt das Museum Kutschen und alte Bahnen der letzten hundert Jahre aus. Mit der Oldtimer-Linie Nummer 23 begibst du dich auf eine Stadtrundfahrt der besonderen Art.

Es zuckelt, ruckelt und quietscht. Geräuschvoll fährt die Straßenbahn Nummer 23 aus dem Straßenbahndepot in Bad Cannstatt. Zwei Stufen musst du hochsteigen, um in die Bahn zu kommen. Innen hat die Straßenbahn rote Lederbänke und einen Holzboden. Ein Schaffner mit blauer Mütze und umgeschnallter Geldbörse läuft durch den Waggon. Er kontrolliert dein Ticket und stellt dir dafür einen Souvenir-Fahrschein aus. Auf diesem Schein kreuzt der Schaffner das Datum und die Uhrzeit an. Danach markiert er die Haltestelle, an der du eingestiegen bist, und setzt einen Haken an der Endhaltestelle. Genau so sah der originale Fahrschein in den 50er-Jahren aus.

Historische Straßenbahn

Die Straßenbahn Nummer 23 ist eine besondere Bahn. Sie ist eine Oldtimer-Bahn, die jeden Sonntag insgesamt dreimal von Bad Cannstatt aus über den Pragsattel und das Olgaeck hinauf zur Ruhbank am Fernsehturm fährt. Eine Stunde dauert die Fahrt bis hier hinauf. Eigentlich ist die Fahrt mit der Oldtimer-Bahn wie eine Stadtrundfahrt. Vom Budapester Platz aus erspähst du den Bahnhof. Am Eugensplatz entdeckst du Stuttgarts berühmte Staffeln und ab der Haltestelle Bubenbad hast du einen herrlichen Blick hinab auf das Stuttgarter Häusermeer. Die Bahn hält nicht an je-

der Haltestelle. Insgesamt stoppt sie fünfmal auf dem Weg von Bad Cannstatt zur Ruhbank. An jeder dieser Haltestellen kannst du zu- oder aussteigen und mit einer späteren Bahn weiterfahren. Von der Haltestelle Ruhbank aus kannst du zum Beispiel einen Abstecher auf den Fernsehturm, in das Haus des Waldes, in die Kletterhalle oder einfach nur auf den Spielplatz um die Ecke machen, bevor du wieder die Rückfahrt nach Bad Cannstatt antrittst.

Es begann mit Pferdekutschen

Vor Beginn oder nach Ende der Fahrt schaust du dir das Straßenbahnmuseum an. In einer großen Wagenhalle stehen auf 20 Gleisen Straßenbahnen aus über einem Jahrhundert. Die ersten Straßenbahnen waren fast ganz aus Holz, hatten richtige Lampen und Vorhänge. Ein Waggon ist zu einem kleinen Kino umgebaut. Dort läuft ein Kurzfilm über die Geschichte der Straßenbahnen. Außer den großen Waggons sind im Museum auch Miniatur-Straßenbahnlandschaften ausgestellt. Wie bei einer Eisenbahn zuckeln dort kleine Straßenbahn-Modelle über die Gleise. Auch Bilder und Schriftstücke hängen im Museum aus. Sie erzählen dir viel über die Technik und Entwicklung der Bahnen. Die Geschichte der Straßen-

In der Nähe der Haltestelle Ruhbank liegt ein toller Spielplatz bahnen in Stuttgart beginnt im Jahr 1868 mit der Stuttgarter Pferde-Eisenbahngesellschaft. Ein Geschäftsmann namens Georg Schöttle entwickelt ein Straßenbahnnetz für Stuttgart. Zu dieser Zeit sind viele Kurgäste in Stuttgart im Urlaub. Diese wohnen meistens in Hotels in der Innenstadt, kommen aber zum Baden in die Mineralbäder nach Bad Cannstatt. Die Geschäftsidee von Georg Schöttle ist es also, den Kurgästen den Weg zu vereinfachen, indem er sie mit der Bahn in der Stadt abholt, sie zum Baden fährt und danach wieder zurückbringt. Und so fahren schon bald die ersten Straßenbahnwaggons durch die Straßen, allerdings nicht auf Schienen. Nein. Pferde ziehen die Wagen durch Stuttgart. Fast 20 Jahre lang dauert es, bis 1895 die erste elektrisch angetriebene Straßenbahn in Betrieb genommen wird. Zunächst fährt diese nur auf einer Linie zwischen dem Charlottenplatz und dem Mineralbad Berg hin und her. Aufgrund der Industrialisierung machen viele neue Fabriken und Firmen auf. Immer mehr Menschen ziehen nach Stuttgart und so steigt auch der Bedarf an Transportmitteln zügig an. Das Straßenbahnnetz wird immer weiter ausgebaut, bis schlussendlich das ganze Stadtgebiet erschlossen ist. Auch du profitierst heute noch davon. Bequem kannst du mit der Bahn in wenigen Minuten durch die ganze Stadt fahren.

Noch mehr über die Geschichte der Straßenbahnen erfährst du von den ehrenamtlichen Mitarbeitern des Vereins der Stuttgarter Historische Straßenbahnen. Mit viel Liebe und Hingabe restaurieren und reparieren sie die alten Waggons und fahren am Sonntag die Oldtimer-Linie durch die Stadt. Sie können dir sicherlich all deine Fragen rund um die Straßenbahnen beantworten. Bevor es wieder nach Hause geht, besuchst du zum Abschluss noch das Bistro Meterspur. Es befindet sich in einem alten Waggon und bietet immer sonntags Limo und Kuchen an.

STRASSENBAHNMUSEUM STUTTGART

Veielbrunnenweg 3
70372 Stuttgart
Tel. (07 11) 78 85-77 70

www.ssb-ag.de/erleben/
strassenbahnmuseum-stuttgart

6 Staatsgalerie Stuttgart, oder:
WIE ENTSTEHT AUS DEINEM BILD EIN KURZFILM?

In der Staatsgalerie bestaunst du Bilder aus vielen Jahrhunderten – vom 14. Jahrhundert bis in die Gegenwart! Oder du wirst selbst zum Künstler: Du malst, schneidest, klebst und sprayst deine eigenen Gemälde und produzierst einen Kurzfilm aus deinen Kunstwerken.

Pinsel, Buntstifte, Kreide, Scheren, Papierbögen, Stoffe, Klebespray und eine Papierschneidemaschine stehen in der HUGO-BOSS-Werkstatt der Staatsgalerie. Überall wuseln Menschen umher und es sind viele Kinder darunter. Manche versuchen sich beim Siebdruck und manche hängen gerade ihr Kunstwerk auf. Auch du wirst hier zum Künstler. Das Mitmach-Programm der Staatsgalerie „Von Pinsel bis Pixel" findet zweimal im Monat statt und wird von Studenten der Stuttgarter Kunstakademie begleitet. Neuerdings hat die Werkstatt auch zwei Tablets im Einsatz. Mit verschiedenen Apps kannst du jetzt auch deine Kunstwerke in animierte Filme verwandeln.

Dein Bild wird lebendig

Wie das funktioniert? Aus verschiedenen Materialien bastelst du zum Beispiel eine Unterwasserlandschaft, in der am Ende Fische und Pflanzen animiert werden sollen. Die Figuren bekommen von dir bewegliche Augen und Gliedmaßen. Du überlegst dir eine Geschichte und ordnest die gebastelten Figuren immer wieder neu auf deinem Papier. Ein Tablet auf

Info

STAATSGALERIE STUTTGART

Konrad-Adenauer-Straße 30–32　　Tel. (07 11) 47 04 02 50
70173 Stuttgart　　　　　　　　www.staatsgalerie.de

dem Tisch nimmt Bild für Bild auf. Reihst du die einzelnen Bilder schlussendlich hintereinander, entsteht ein kurzer Trickfilm. Im Prinzip funktioniert es also wie ein Daumenkino.

Natürlich kannst du die Galerie selbst auch bei einer Kinderführung kennenlernen. Oder du wirst in Workshops aktiv. Dazu bekommst du beispielsweise einen Musikkoffer und belauschst sozusagen die Bilder. Dabei schaust du dir ein Bild an und überlegst, wie es klingen könnte. Sieht es eher wie ein Klavier oder wie eine Geige aus? Ist es laut oder leise?

Das Mitmach-Programm „Pixel und Pinsel" für Kinder ab 4 Jahren

7

MIT WEM STREITET DIE VULKANGÖTTIN PELE?

Du willst fremde Kulturen kennenlernen und am liebsten durch die Welt reisen? Dazu musst du nicht zwingend in ein Flugzeug steigen. Im Linden-Museum, dem Staatlichen Museum für Völkerkunde in Stuttgart, kannst du fremde Welten entdecken. Du besuchst die Basarstraße und erfährst, was es mit dem Tätowier-Werkzeug aus Hawaii auf sich hat.

Wie wachsen Kinder in China oder Afrika auf? Haben sie das gleiche Spielzeug wie du? Feiern sie Weihnachten oder andere Feste? Das Linden-Museum ist ein sogenanntes völkerkundliches Museum. Es ist also ein Museum, das sich mit anderen Kulturen, Menschen aus fremden Ländern und deren Geschichte befasst. In der großen Dauerausstellung begibst du dich auf eine Reise in fremde Welten. Du lernst Kunst- und Alltagsgegenstände aus Amerika, Afrika, der Südsee und Asien kennen. Auf der orientalischen Basarstraße fühlst du dich in ein Märchen aus Tausendundeiner Nacht versetzt.

In vielen Ländern Asiens, beispielsweise in Myanmar, treten Kinder wie kleine Prinzen und Prinzessinnen gekleidet für kurze Zeit in ein buddhistisches Kloster ein. Ob die Kinder wohl wissen, wessen Geschichte sie damit nachahmen? Antworten auf diese Fragen bekommst du in den Familienführungen, die jeden zweiten Sonntag stattfinden. Hier erfährst du auch, dass Pele eine Feuer- und Vulkangöttin aus Hawaii ist und sich im Streit mit ihrer Schwester Namaka, der Göttin der Meere, befindet.

Info

LINDEN-MUSEUM STUTTGART

Staatliches Museum für Völkerkunde
Hegelplatz 1

70174 Stuttgart
Tel. (07 11) 20 22-3
www.lindenmuseum.de

Jugendclub für Völkerkundler

Oder du wirst einfach selbst zum Ethnologen. Ethnologen werden auch Völkerkundler genannt. Sie sind Wissenschaftler, die erforschen, wie Menschen in anderen Gegenden der Welt leben. Wenn du dich also für Menschen und deren Geschichte interessierst und du Lust darauf hast, deren Kunst- und Alltagsgegenstände kennenzulernen, dann werde Mitglied im Jugendclub des Linden-Museums. Immer freitags triffst du dich in diesem Club mit anderen Kindern im Museum. Gemeinsam redet ihr über tragische, lustige, persönliche, aktuelle, fröhliche, friedvolle oder auch kriegerische Geschichten. Außerdem darfst du hinter die Kulissen des Museums schauen und erfährst, wo die Objekte aufbewahrt werden, wer sie überhaupt gesammelt hat und wie sie restauriert werden.

Die Mitgliedschaft im Jugendclub ist kostenlos !

25

Autos, oder:

WARUM DREHT SICH EIN STERN AUF DEM STUTTGARTER BAHNHOFSTURM?

?

Dass Stuttgart mal eine Autostadt werden würde, daran glaubte einst Kaiser Wilhelm II. nicht. Er sagte: „Ich glaube an das Pferd. Das Auto ist nur eine vorübergehende Erscheinung."

Egal wo du in Stuttgart durch die Gegend läufst, immer wieder stolperst du über Dinge, die irgendetwas mit Autos zu tun haben. Das Stadion heißt Mercedes-Benz Arena, die Veranstaltungshalle nebenan Porsche-Arena. Im Kurpark in Bad Cannstatt steht die Gottlieb-Daimler-Gedächtnisstätte und auf dem Bahnhofsturm dreht sich ein riesiger Mercedes-Stern.

Keine Zukunft für das Automobil?

Dieser Stern thront bereits seit 1952, also seit über 70 Jahren, auf dem 56 Meter hohen Bahnhofsturm. Er ist knapp 5 Meter groß und dreht sich unablässig um sich selbst. Nach dem Krieg war der Turm des Hauptbahnhofes in Stuttgart ausgebrannt. Um die Renovierungskosten zu erwirtschaften, gab die Stadt den Turm zu Werbezwecken frei. Der Mercedes-Stern ist zu dieser Zeit quasi schon ein Wahrzeichen der Automobilstadt Stuttgart und darf deshalb auf den Turm wandern. Und so begrüßt er seitdem jeden Reisenden bei seiner Ankunft am Stuttgarter Hauptbahnhof.

Die Erfolgsgeschichte des Autos überraschte viele Menschen – auch in Stuttgart. Sogar Gottlieb Daimler, der Erfinder des Autos, war selbst nicht allzu sehr von der Zukunft des Automobils überzeugt. Er meinte: „Die weltweite Nachfrage nach Kraftfahrzeugen wird eine Million nicht überschreiten – allein schon aus Mangel an verfügbaren Chauffeuren."

Den Bahnhofsturm mitsamt seiner Aussichtsplattform kannst du selbst erkunden!

8

Porsche Museum, oder:
KANN EIN AUTO AN DER DECKE FAHREN?

Motoren heulen auf, Autos fahren an der Decke und du darfst selbst in einem 1200 PS starken Porsche sitzen und dich wie ein Rennfahrer fühlen. Im Porsche Museum in Zuffenhausen erfährst du, wer die schnellen Autos erfunden hat.

Hinter einer Glasscheibe steht ein alter Porsche. Ein paar Mechaniker werkeln an ihm herum. Sie schrauben und polieren. Du bist im Porsche Museum in Zuffenhausen und drückst dir die Nase an der museumseigenen Werkstatt platt. Hier restaurieren die Mitarbeiter der Werkstatt die historischen Wagen, bevor sie in die Ausstellungsräume rollen.

Rund 80 Fahrzeuge und viele andere Dinge werden im Porsche Museum ausgestellt. Aber was ist denn das? Ein Porsche mit Blaulicht? Tatsächlich gibt es einen Polizeiporsche. Die Firma Porsche schenkte ihn der Polizei anlässlich des millionsten produzierten Fahrzeugs. Das Museum erkundest du in einer speziellen Kinderführung oder auf eigene Faust. Zunächst verschaffst du dir einen Überblick über die Firmengeschichte und lernst dabei den Erfinder und Tüftler Ferdinand Porsche kennen. Der Hauptteil der Ausstellung zeigt dir anschließend, wie sich das Fahrzeug Porsche und die Motorsport-Geschichte im Laufe der Jahre entwickelt haben.

Leicht, clever und schnell

Dazwischen triffst du immer wieder auf die Schlagworte clever, schnell, stark, leidenschaftlich und konsequent, hinter denen bestimmte Ideen stecken. Mit ihnen wird erklärt, was

PORSCHE MUSEUM

Porscheplatz 1
70435 Stuttgart

Tel. (07 11) 91 12 09 11
www.porsche.com/museum

die Marke Porsche ausmacht. Die „Idee leicht" erklärt dir so zum Beispiel, was es mit dem Leichtbau auf sich hat.

Porsche sind schnelle Autos, das weiß jeder. Aber warum sind sie eigentlich so schnell? Ein leistungsstarker Motor alleine macht ein Auto nicht schnell. Das Fahrzeug muss auch windschlüpfrig, also aerodynamisch sein. Wäre es viereckig wie ein Kasten gebaut, würde bei schneller Fahrt die entgegenströmende Luft das Auto ausbremsen. Porsche-Autos sind windschlüpfrig. Zur Demonstration hängt im Museum deshalb ein Porsche 956 über dem Kopf unter der Museumsdecke. Denn durch die besondere Form des Autos entsteht ein sogenannter Anpressdruck, der das Auto auf die Straße drückt. Dieser Anpressdruck wird bei hohen Geschwindigkeiten so stark, dass das Auto nun theoretisch an der Decke fahren könnte, ohne herunterzufallen. An einer anderen Station hörst du die Motoren aufheulen und dann darfst du sogar selbst in einen 1200 PS starken Porsche steigen.

Im Museums-rallye-Buch gibt es viele Infos und Rätsel !

9 Naturkunde-Museum am Löwentor, oder: WAS SIND EIGENTLICH FOSSILIEN?

Auf einer Entdeckungstour durch das Museum am Löwentor bewunderst du die älteste Schildkröte der Welt und Dinosaurier-Skelette und wenn du unter dem riesigen Mammut stehst, fühlst du dich ziemlich winzig.

Ein Besuch im Museum am Löwentor ist wie eine Zeitreise durch viele Millionen Jahre. Wenn du wissen willst, wie das Leben auf der Erde entstand, bist du hier richtig. Du reist in die Vergangenheit, als Dinosaurier die Erde bevölkerten und es noch keine Menschen und Städte gab.

Aber woher wissen wir eigentlich, wie genau das Leben vor so langer Zeit aussah? Fossilien verraten uns vieles über die Vergangenheit. Ein Fossil ist grob gesagt ein versteinerter Rest von Tieren oder Pflanzen aus früheren Zeiten. Sie sind ein bisschen wie Fotos. Fossilien halten ein Bild fest, das man viele Jahre später anschaut und wodurch man weiß, wie es früher aussah. Das Museum am Löwentor hat eine riesige Sammlung von Fossilien und Skeletten, die man alle in Baden-Württemberg gefunden hat. Richtig berühmt ist zum Beispiel der Steinheimer Schädel. Er ist 300.000 Jahre alt und somit einer der ältesten Menschenfunde in ganz Mitteleuropa.

Rundgang durch die Erdgeschichte
Zusätzlich zu den Fossilien und Skeletten hat das Museum lebensechte Landschaften nachgebaut und Modelle von Säugetieren ausgestellt. Da stapfen Dinos durch karge Land-

STAATLICHES MUSEUM FÜR NATURKUNDE STUTTGART

Museum am Löwentor
Rosenstein 1
70191 Stuttgart

Tel. (07 11) 89 36-0
www.naturkundemuseum-bw.de

schaften, Meereskrokodile schwimmen im Wasser und Bären spielen in einer Höhle.

Zehn verschiedene Ausstellungsflächen führen dich durch die letzten 250 Millionen Jahre. Die Reise durch die Erdgeschichte beginnt im Erdaltertum und endet im sogenannten Zeitalter des Quartär. Auf jeder der Ausstellungsflächen erklären dir Tafeln, was zu dieser Zeit alles passiert ist und welche Pflanzen und Tiere es gab. Außerdem wirst du im Museum selbst aktiv. Buddle ein Dino-Skelett in der Sandgrube aus, suche mit Lupe und Pinzette winzige Fossilien oder schaue dir einen Film über das Leben vor 15.000 Jahren an.

Neben dem Museum befindet sich ein toller Spielplatz!

31

Schloss Rosenstein, oder:
WARUM SIND PARADIES-VÖGEL SO BUNT?

Ein riesiger Seiwal hängt von der Decke. Von einer Seite kannst du in sein Innenleben schauen. Du siehst Herz und Knochen und sogar das Baby, das er in sich trägt. Im Naturkundemuseum im Schloss Rosenstein lernst du aber Tiere der ganzen Welt kennen – egal ob Schmetterling, Eisbär oder Wal.

Du stehst unter dem Kopf eines Elefanten und kommst dir auf einmal wahnsinnig klein vor. Nur ein paar Schritte weiter hängt der 13 Meter lange Seewaal im Meersaal von der Decke. Dieser Saal ist einer der sechs Lebensräume im Schloss Rosenstein. Auch die Tropen und Trockengebiete, das Mittelmeer-Gebiet, die gemäßigten Breiten und die polaren Gebiete haben einen eigenen Raum. Eigentlich ist das Museum ein kleines Schloss und es steht mitten im Stadtpark. Gleich an der Kasse holst du dir ein für dein Alter passendes Quiz. Ab jetzt bist du nämlich Detektiv. Du musst verschiedene Fragen beantworten und Rätsel lösen, um am Ende dem Wicht auf die Schliche zu kommen, der hier im Museum sein Unwesen treibt.

Die Evolution

Im Dschungel kletterst du über eine Leiter in ein Baumhaus, in der kargen Wüste triffst du auf Schlangen und in der ark-

STAATLICHES MUSEUM FÜR NATURKUNDE STUTTGART

Schloss Rosenstein
Rosenstein 1
70191 Stuttgart

Tel. (07 11) 89 36-0
www.naturkundemuseum-bw.de

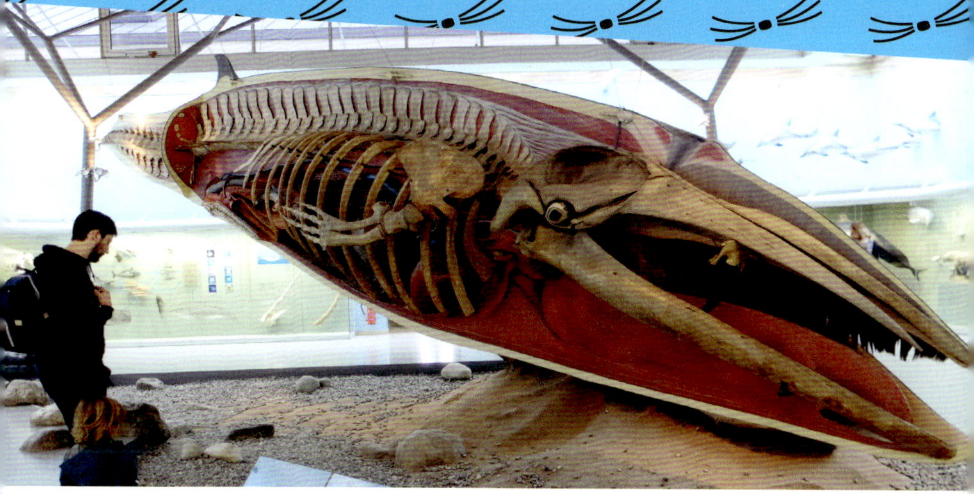

tischen Tundra auf Eisbären. Berührst du bestimmte Glasscheiben, hörst du Tiergeräusche und kurze Filme zeigen dir mehr über das Leben der Tiere. Anhand der Tier- und Pflanzenexponate erfährst du, wie unser Leben vor über 3,5 Milliarden Jahren mit den ersten bekannten einzelligen Lebewesen begann. Das Museum erklärt dir, wie sich Lebewesen von Generation zu Generation entwickelt haben, warum sie sich überhaupt verändern. Das nennt man Evolution. Deshalb erhältst du auch im Evolutionsraum die Antwort darauf, warum Paradiesvögel so bunt sind: Paradiesvögel haben deshalb ein so buntes Gefieder, weil sie dadurch bessere Überlebenschancen haben, denn im bunten Regenwald können sie sich damit viel besser verstecken.

Probiere unbedingt den Geruchsautomaten im Museum aus

11

Stadtpalais – Museum für Stuttgart, oder:

WAS MACHT EIGENT- LICH EIN STÄDTEPLANER?

Mit einem Bauhelm auf dem Kopf springst du über die Mitmach-Baustelle des Stadtlabors im Stadtpalais. Du baust aus Pappbausteinen deine eigene Stadt oder löst verzwickte Aufträge. Dafür hast du aber nur eine gewisse Zeit zur Verfügung. Ist die Zeit um, läuft ein Countdown, Lichter blinken und die Stadt erwacht zum Leben.

Im Stadtpalais – Museum für Stuttgart dreht sich alles um die Fragen: Was macht Stuttgart so besonders? Wie waren und sind die Bewohner von Stuttgart eigentlich? Und wie hat sich die Stadt in den letzten Jahren entwickelt? Auf einer interaktiven Tour erfährst du viel Wissenswertes über Stuttgart. Du siehst, wie die Stadt früher aussah und wie sich die Architektur und der Verkehr entwickelt haben. Am besten leihst du dir kostenlos einen Media-Guide aus und erkundest auf einer Video-Tour die Ausstellung. In kurzen Clips erzählen dir kleine und große, arme und reiche, normale und berühmte Stuttgarter von ihrem ganz persönlichen Stuttgart. Du erfährst, warum das Logo der Stuttgarter Kickers an Polizisten und Nackte erinnert und warum die Weißenhofsiedlung für Max Herre ein Teil seiner Familiengeschichte ist.

Architekten und Stadtplaner

Spannend findest du sicherlich das Stadtlabor. In dieser Werkstatt wirst du in ganz unterschiedlichen Workshops selbst zum Stadtplaner oder Architekten. Ein Stadtplaner überlegt sich im Prinzip, wie eine Stadt oder ein Stadtteil in

Info

STADTPALAIS – MUSEUM FÜR STUTTGART
Konrad-Adenauer-Straße 2
70173 Stuttgart

Tel. (07 11) 21 62 58 00
www.stadtpalais-stuttgart.de

Zukunft aussehen soll, damit die Menschen, die dort leben, zufrieden sind. Leben in einem Stadtteil viele Familien, wird ein Stadtplaner schauen, dass es dort genügend Kindergärten, Schulen und Spielplätze gibt. Wie würde denn deine Wunschstadt aussehen? Auf der Mitmach-Baustelle kannst du sie selbst bauen.

Einmal im Monat findet im Stadtlabor auch der Hausforschertag für sechs- bis zwölfjährige Kinder statt. Mal dreht sich alles um das Thema Baumhaus, mal alles um das Thema Wasser in der Stadt.

Stürze deine Stadt in der Mitmach-Baustelle mit der Abrissbirne ein

Kehrwoche, oder:

WARUM KEHREN SCHWABEN AM SAMSTAG DIE STRASSE?

Am Samstag ist Putztag. Dann siehst du viele Stuttgarter den Besen schwingen. Denn zusätzlich zur Wohnung werden an diesem Tag auch noch die Straße und der Gehweg sauber gemacht. Diese Tradition gibt es nur hier im Schwabenland.

Es ist Samstag. Du fährst mit dem Rad durch die Gegend, spielst mit deinen Freunden Fußball oder Verstecken auf der Straße. Vielleicht fällt dir auf, dass an diesem Tag viele Leute mit Besen, Handfeger und Kutterschaufel auf der Straße unterwegs sind. Vielleicht ermahnen sie dich auch, nicht durch den frisch zusammengefegten Laubhaufen zu laufen. Samstag ist Putztag im Schwabenland. Fleißig kehren die Menschen an diesem Tag den Bürgersteig, die Garageneinfahrt oder den Hof. Sie machen die Kehrwoche. In anderen Städten außerhalb von Baden-Württemberg kennt man die Kehrwoche nicht. Aber warum?

Das gibt es nur bei den Schwaben

Der Ursprung der Kehrwoche kommt aus dem 18. Jahrhundert. Damals fand die Regierung in Württemberg, dass die Straßen sauberer werden müssten, und erteilte deshalb ganz viele Erlasse. Diese besagten, dass die Menschen selbst Ordnung und Sauberkeit in ihrem häuslichen Umfeld halten sollten. „Damit die Stadt rein erhalten wird, soll jeder seinen Mist alle Wochen hinausführen (…)", hieß es wortwörtlich in einem dieser Erlasse. Weil sich aber mit der Zeit niemand mehr darin hielt, entstand 1714 ein eigenes Gesetz zur

Kehrwoche

In dieser Woche ist die Reihe an Ihnen

Sauberkeit – die Stuttgarter Gassensäuberungsordnung. Und bis heute ist die Kehrwoche oft im Mietvertrag geregelt.

Andere Bundesländer machen gern Späße über die Kehrwoche, weil es sie nur bei den Schwaben gibt. Sie verspotten die Schwaben als superordentlich und als etwas spießig. Der schwäbische Rapper MC Bruddaal singt sogar ein Lied über die Stuttgarter Kehrwoche und Frau Schwätzele führt dich unter dem Motto „I han Kehrwoch" bei einer Stadtführung durch Stuttgart.

Nimm an der lustigen Stadtführung „I han Kehrwoch" teil

12

SchokoAusstellung, oder:
WÄCHST SCHOKOLADE AUF BÄUMEN?

Ein großer Kakaobaum steht in der Eingangshalle der SchokoAusstellung. Dort erfährst du, wo auf der Welt Kakao wächst, wie er ursprünglich nach Europa kam und was Schokolade eigentlich mit Sport zu tun hat.

Riesige Früchte hängen an einem Baum. Sie sehen ein bisschen wie längliche Melonen aus. Es sind Kakaofrüchte. Schokolade wächst also irgendwie wirklich auf Bäumen. Na ja, zumindest der Rohstoff dafür. Vier bis sechs Jahre dauert es, bis an einem Kakaobaum zum ersten Mal Früchte wachsen, die dann geerntet werden können. In einem guten Jahr trägt er bis zu 50 Früchte, durchschnittlich sind es aber eher 20 bis 30. Sie werden 300 bis 700 Gramm schwer und werden alle von Hand geerntet. Eigentlich wird so ein Kakaobaum bis zu 15 Meter hoch. Weil es für die Erntehelfer aber ganz schön anstrengend wäre, die Früchte von so weit oben zu ernten, stutzen sie die Plantagenbäume meist auf einer Höhe von 4 bis 8 Metern.

Der Geschmack von Schokolade

An einer Wand hängen Weltkarten. Auf ihnen siehst du, wo die Firma Ritter Sport ihren Kakao anbaut, wo die Rosinen oder Nüsse für die Schoki herkommen und wie die Kakaoernte abläuft. Im Inneren der Früchte befinden sich viele Kakaobohnen, die von einem weißen Fruchtfleisch, der sogenannten Pulpa, umgeben sind. Die Erntehelfer lösen die Bohnen vom Fruchtfleisch und legen sie noch feucht auf Bananenblätter. Dort fermentieren sie und erhalten erst so ihren typischen Kakaogeschmack. Fermentieren bedeutet, dass die Kakaobohnen gären. Das ist wichtig. Denn bei diesem Prozess schwächt sich der bitterherbe Geschmack der Kakaobohnen stark ab. Beeinflusst wird der Kakaogeschmack aber auch vom Wetter, von der Art des Bodens und von der Art, wie die Bohnen verarbeitet werden. Kakao aus Peru ist zum Beispiel fruchtiger als Kakao aus Nicaragua, der eher kräftig schmeckt. Nachdem die Bohnen getrocknet sind, werden sie geröstet, dann von ihrer Schale befreit und am Ende gemahlen und mit Kakaobutter vermengt. Jetzt ist die Schokoladen-Rohmasse fertig und bereit, mit verschiedenen Zutaten veredelt zu werden.

Für die SchokoWerkstatt musst du dich anmelden und 7 Jahre alt sein **!**

Schokolade und Sport?

In der Ausstellung erfährst du auch, wie die Joghurtfüllung in die Schokolade kommt, warum Kakao früher ein Tauschmittel war und warum Ritter Sport Schokolade überhaupt quadratisch ist.

Die Idee mit der quadratischen Schokolade hatte Clara Ritter. Sie stellte fest, dass am Wochenende oft Sportler vor einem Spiel in den Laden kamen, um sich zur Stärkung noch

eine Tafel Schokolade zu kaufen. Doof nur, dass die langen Schokoladentafeln nie in die Jackentaschen passten, ohne dabei zu zerbrechen. Und so entwickelte sie eine quadratische Schokolade, die in jede Tasche passte. Daher auch der Name Ritter Sport. Das Quadrat ist das Markenzeichen von Ritter Sport. Deshalb produziert die Firma auch nur quadratische Schokolade und nicht etwa Weihnachtsschokomänner oder Osterhasen.

Selbst zum Chocolatier wirst du in der SchokoWerkstatt. Hier kreierst du deine eigene Schokolade samt Verpackung. Und das Beste? Erwachsene müssen draußen bleiben.

RITTER SPORT SCHOKOAUSSTELLUNG

Alfred-Ritter-Straße 27   Tel. (0 71 57) 97-17 03
71111 Waldenbuch   www.rittersport.de

Schokopudding selbst gemacht

Die meisten Leute bereiten Schokopudding mit einem Fertigpulver zu. Dabei kannst du ihn mit nur wenigen Zutaten ganz einfach selbst herstellen.

Zutaten (für drei Portionen)

- 50 Gramm Schokolade
- 1/2 Liter Milch
- 1 Esslöffel Kakaopulver
- 35 Gramm Zucker
- 2 Esslöffel Speisestärke

Zubereitung

Bringe die Schokolade mit 300 Milliliter Milch in einem Topf zum Kochen. Rühre, bis sich die Schokolade vollständig aufgelöst hat. Dann verquirlst du mit einem Schneebesen die restlichen 200 Milliliter Milch mit den übrigen Zutaten und rührst die Masse in die Schokoladenmilch ein. Jetzt lässt du alles aufkochen und rührst so lange, bis die Masse dickflüssig geworden ist. Dann gibst du alles in Tassen oder Schüsseln und lässt die Masse abkühlen. Und schon ist der Pudding fertig.

13

Haus der Geschichte, oder:
WAS IST EIN KURATOR ?

Im Haus der Geschichte wirst du zum Detektiv. Denn die Geschichtssammler Faris, Freddy und Frida sind verschwunden und du musst sie finden. Mit einem Missionsblock in der Hand und einem Agentengürtel um den Bauch begibst du dich auf Spurensuche durch das Museum.

Das Haus der Geschichte beschäftigt sich mit der Landesgeschichte von Südwestdeutschland. Es zeigt dir, wie sehr die Geschichte und die Politik, aber auch die fortschreitende Industrialisierung sich auf das Leben der Menschen auswirkte. Das hört sich im ersten Moment vielleicht etwas kompliziert an, ist es aber gar nicht. Das Museum bietet viele Beispiele dazu, dass du es leicht verstehst. Schon Ende des 18. Jahrhunderts entstehen immer mehr Fabriken. Viele Menschen arbeiten nun dort, anstatt wie zuvor häufig in der Landwirtschaft. Das Bundesland Baden-Württemberg wird oft auch das Land der Tüftler und Denker genannt, weil hier so viele Dinge wie das Auto, die Motorsäge und auch die ersten Seifenblasen erfunden wurden. Große Firmen haben sich in der Region niedergelassen und schaffen für viele Menschen Arbeitsplätze.

Speziell für Kinder hat das Museum eine Detektivtour durch das Haus kreiert. Auf dieser Tour lüftest du das Rätsel um die verschwundenen Geschichtssammler. Doch was sind Geschichtssammler? Geschichtssammler werden auch Kuratoren genannt. Das Wort Kurator stammt vom lateinischen Wort „curare" ab, das übersetzt „pflegen" bedeutet. Ein Kurator ist also ein Pfleger unserer Vergangenheit. Wie in den anderen Museen kümmert er sich vor allem um die

Info

HAUS DER GESCHICHTE
Konrad-Adenauer-Straße 16
70173 Stuttgart

Tel. (07 11) 2 12 39 89
www.hdgbw.de

Ausstellungsstücke und überlegt sich, wie genau er sie ausstellt. Ohne die Kuratoren läuft nix im Museum.

Suche nach Geschichtssammlern

Der Missionsblock in deiner Agententasche ist eine Art Landkarte, die dich durchs Museum führt. Mal musst du eine Uniform vermessen, mal versteckte Skier suchen oder auf einer Flagge ein Tier entdecken. An verschiedenen Computerstationen liefern dir die Geschichtssammler Faris, Frida und Freddy weitere wichtige Hinweise. Sie führen dich zu Ausstellungsstücken, hinter denen sich interessante Geschichten verbergen. In einem Raum stehen große Bäume, aus denen du Infotafeln herausziehen kannst. Suche jeden Baum ab und du erfährst, wer die ersten Skier erfunden hat. Hast du alle Fragen richtig beantwortet, lüftest du am Ende das Geheimnis um die verschwundenen Geschichtssammler und du erhältst als Dank eine kleine Überraschung im Museumsshop.

Den Agentengürtel erhältst du im Museumsshop !

14

Fernsehturm, oder:
WARUM BRAUCHTE MAN ZUM FERNSEH- GUCKEN EINEN TURM?

Der erste Fernsehturm der Welt steht in Stuttgart. Er thront über dem Stuttgarter Kessel und ist das Wahrzeichen der Stadt. Von nirgendwo anders hast du einen besseren Blick über die Stadt und das Land.

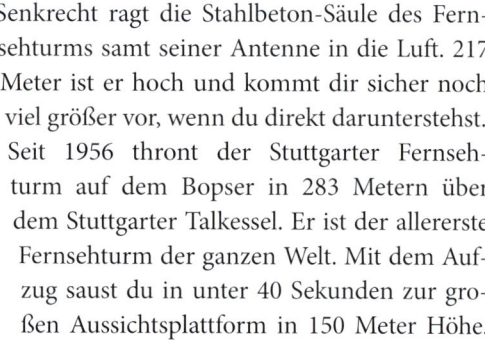

Senkrecht ragt die Stahlbeton-Säule des Fernsehturms samt seiner Antenne in die Luft. 217 Meter ist er hoch und kommt dir sicher noch viel größer vor, wenn du direkt darunterstehst. Seit 1956 thront der Stuttgarter Fernsehturm auf dem Bopser in 283 Metern über dem Stuttgarter Talkessel. Er ist der allererste Fernsehturm der ganzen Welt. Mit dem Aufzug saust du in unter 40 Sekunden zur großen Aussichtsplattform in 150 Meter Höhe. Da auf dieser Plattform eine Betonbrüstung dir den direkten Ausblick verwehrt, hat der Erbauer des Fernsehturms Fritz Leonhardt eine zusätzliche Kinderplattform geplant. Diese Kinderplattform in 153 Meter Höhe ist durch Gitterstäbe gesichert, sodass auch kleine Fernsehturmbesucher die Aussicht in eigener Augenhöhe genießen können. Du siehst das Häusermeer von Stuttgart, das dir von hier oben winzig vorkommt. Überleg dir doch schon im Vorfeld, was du entdecken willst. Vielleicht das Stadion? Oder den Hauptbahnhof? Oder vielleicht doch das Rathaus? Du schaust aber nicht nur auf die Stadt, sondern auch bis zum Schwarzwald, in den Odenwald und auf die Schwäbische Alb.

Bei Sturm ist die Aussichtsplattform geschlossen !

Info

FERNSEHTURM STUTTGART

Jahnstraße 120
70597 Stuttgart

Tel. (07 11) 92 91 47 43
www.fernsehturm-stuttgart.de

Nur wenige hatten einen Fernseher

Aber warum braucht Stuttgart überhaupt einen Fernsehturm? Nach dem Zweiten Weltkrieg wurde 1952 am ersten Weihnachtsfeiertag der Fernsehbetrieb wieder aufgenommen. Damals besaßen allerdings nur 4000 Menschen in ganz Deutschland einen Fernseher. Und in Stuttgart fehlte ein Sendemast. Nur Leute, die auf einem Berg wohnten oder eine Spezialantenne hatten, konnten ein Programm empfangen. Das ärgerte viele Leute. Vor allem weil 1954 die Fußballweltmeisterschaft anstand und diese natürlich jeder sehen wollte. Deshalb brauchte es einen Fernsehturm. Der Süddeutsche Rundfunk wollte anfangs einfach eine 200 Meter hohe Antenne aufstellen. Erst der Architekt Fritz Leonhardt hatte die Idee, aus der Antenne einen Aussichtsturm zu bauen und ihn zum Wahrzeichen für Stuttgart zu machen. Innerhalb von 20 Monaten wurde der Turm gebaut. Es war der erste seiner Art und entwickelte sich zum Vorbild für andere Länder. Architekten in China, Südafrika und der ganzen Welt bauten ihn nach. Bis zur Fußball-WM konnte der Stuttgarter Fernsehturm allerdings nicht in Betrieb genommen werden. Erst am 5. Februar 1956 wurde er eingeweiht. Heute wird von den Antennen des Fernsehturms zwar nicht mehr das Fernseh-, aber nach wie vor das Radioprogramm in Stuttgart ausgesendet.

Stäffele, oder:
WARUM GIBT ES IN STUTTGART SO VIELE TREPPEN **?**

Stuttgart liegt am Hang. Egal in welche Richtung du läufst, du musst eigentlich immer bergauf oder bergab gehen, und das meistens über steile Treppen.

Zwischen 400 und 600 Treppenanlagen soll es in Stuttgart geben. Wie viele Treppen es insgesamt sind, weiß keiner so genau. Aber dir ist sicherlich schon aufgefallen, dass du bei einem Spaziergang durch die Stadt immer wieder Treppen steigen musst. Stäffele werden sie in Stuttgart genannt. Früher, als noch nicht so viele Menschen in Stuttgart lebten, war nur die Innenstadt, der sogenannte Stuttgarter Kessel, bewohnt. Die Hänge außen um die Stadt herum wurden für den Weinbau genutzt. Damit die Bewohner diese bewirtschaften konnten, bauten sie kleine Weinbergstaffeln in die Hänge.

Die Stadt wächst den Hang hinauf

Ab dem 19. Jahrhundert zogen immer mehr Menschen in die Stadt. Stuttgart wurde größer und der Kessel war bald zu klein für all die Menschen. Anstatt Weinreben entstanden nun Wohnhäuser auf den Höhenlagen. Die teils provisorischen Staffeln ersetzten die Stuttgarter durch richtige Treppen, damit die Menschen ihre Häuser gut erreichten. Die längste Staffel ist die Willy-Reichert-Staffel, die hinauf zur Karlshöhe führt. 407 Stufen musst du erklimmen, bevor du oben ankommst. Von hier aus blickst du über Stuttgart West und Süd und im Biergarten kannst du dir es erst mal mit einer Limo gemütlich machen und dich ausruhen.

Dir gefällt aber sicherlich die Eugenstaffel in Stuttgart Ost am besten. Sie beginnt in der Urbanstraße und führt dich hi-

Nimm an der Stadtführung „Stäffeles-Tour" teil !

nauf auf den Eugensplatz. Setzt du dich hier auf die Mauer, siehst du über den ganzen Stuttgarter Kessel. Bekannt ist der Platz für den Galateabrunnen. Die Galatea ist eine Figur der griechischen Mythenwelt. Und gegenüber vom Brunnen auf der anderen Straßenseite befindet sich eine der ältesten Eisdielen in Stuttgart.

15

Zurückgelehnt in einen Stuhl beobachtest du, wie Sterne, Sonne, Mond und andere Planeten über dich hinwegziehen. Im Planetarium fühlst du dich wie in einem Raumschiff, das gerade in das Weltall gebeamt wird.

Schon seit 40 Jahren steht das Carl-Zeiss-Planetarium in Stuttgart. Es wird auch Sternentheater genannt. Erst 2016 wurde es komplett modernisiert und mit einer neuen sogenannten digitalen Ganzkuppel-Projektionsanlage ausgestattet. Die einzelnen Projektoren dieser Anlage besitzen insgesamt über 20.000 computergesteuerte LEDs, die einen Sternenhimmel in die Kuppel des Planetariums zaubern. Dieser Sternenhimmel sieht so echt aus, dass du dich fühlst, als ob du selbst durch den Weltraum fliegst. Für dich hat das Planetarium dauerhaft die Kindervorstellung „Das kleine 1 x 1 der Planeten" im Programm. In der Geschichte wirst du auf die Raumstation Observer gebeamt und dort folgst du den Spuren der Astronauten hinauf in das Weltall. Du fliegst vorbei an den wichtigsten Planeten. Aber aufgepasst: Von der heißen Sonne wirst du fast verschlungen. Besser, du beobachtest sie doch aus sicherer Entfernung. Du kehrst also zurück auf die Erde und schaust dir nun durch ein Teleskop die Sterne an. Durch die Geschichte lernst du viel über das Weltall, unsere Planeten und die verschiedenen Sternenbilder. Wie entstehen zum Beispiel Sonnen- und Mondfinsternis?

Info

CARL-ZEISS-PLANETARIUM STUTTGART
Willy-Brandt-Straße 25   Tel. (07 11) 21 68 90 15
70173 Stuttgart   www.planetarium-stuttgart.de

Schatten im All

Wie du sicherlich schon weißt, kreist der Mond kontinuierlich um die Erde. Bei einer Sonnenfinsternis schiebt sich der Mond genau zwischen Erde und Sonne und wirft dann einen Schatten auf die Erde. Für dich sieht es dann so aus, als ob er in dieser Zeit die Sonne abdecken würde, und es wird fast so dunkel wie nachts, obwohl es doch eigentlich mitten am Tag ist. Bei einer Mondfinsternis ist es umgekehrt: Der Mond steht dann von der Sonne aus gesehen genau hinter der Erde – die wirft einen Schatten auf den Mond. Du siehst den Mond dann nur noch schwach in einer rötlichen oder braunen Farbe.

Warum aber kommen Sonnen- und Mondfinsternis so selten vor? Die drei Himmelskörper sind fast nie genau auf einer Linie hintereinander aufgereiht. Die Umlaufbahn des Mondes ist nämlich gegenüber der Erdbahn leicht gekippt. Der Mond steht deshalb meistens ein bisschen höher oder tiefer als Sonne und Erde.

Es gibt meistens noch eine extra Kinder-show im Programm !

16 Die Staatstheater Stuttgart, oder:
WO KANNST DU MIT DORNRÖSCHEN TANZEN?

Tanz, Musik oder doch lieber Theater? Zu den Staatstheatern Stuttgart gehören die Oper, das Ballett und das Schauspiel. Alle drei Häuser kannst du in speziellen Kinderführungen kennenlernen und sicherlich selbst mal Bühnenluft schnuppern.

Leicht wie eine Feder schwebt die Balletttänzerin über die Bühne und streckt akrobatisch ihre Füße in die Luft. In der Oper schmettern Sänger ein Lied nach dem anderen und auf der Theaterbühne wechselt ständig das Bühnenbild. Der Besuch in einem der Staatstheater ist immer spannend. Toll sind die Führungen, die dich hinter die Kulissen der Bühnen blicken lassen. Da gibt es eine Kostümschneiderei, wo du beobachtest, wie die aufwendigen Bühnenkleider genäht werden. Im Theatersaal siehst du, wie die Bühnenbilder entstehen, du erfährst, wie viele Kleider im Kostümschatz der Oper hängen und was eigentlich tagsüber im Theater passiert. Wer ist für die Technik im Theater verantwortlich? Wer denkt sich die Theaterstücke aus und warum wird in der Oper eigentlich nur gesungen? Auf all diese Fragen bekommst du während der Führungen Antworten. Und dann stehst du im Stuttgarter Ballett auf einmal selbst auf der Bühne und tanzt gemeinsam mit richtigen Tänzerinnen Schritte aus dem berühmten Stück Dornröschen.

STAATSTHEATER STUTTGART

Oberer Schlossgarten 6
70173 Stuttgart

Tel. (07 11) 20 32 0
www.staatstheater-stuttgart.de

Es gibt auch Kinderopern

Die Staatstheater Stuttgart bieten aber nicht nur Führungen für Kinder, sondern auch spezielle Kinderaufführungen an. Eigentlich ist bei diesen Vorstellungen alles gleich wie bei den Erwachsenen. Es gibt ebenfalls Musik, Tanz, Gesang und beeindruckende Bühnenbilder. Nur die Geschichten und deren Inszenierung, also wie sie künstlerisch auf der Bühne umgesetzt werden, sind auf Kinder abgestimmt. Welche Stücke in der Oper, im Ballett oder im Theater aufgeführt werden, dafür ist der jeweilige Intendant der einzelnen Häuser verantwortlich. Er ist sozusagen der Chef vom Theater, er leitet es und entscheidet schlussendlich, welche Stücke aufgeführt werden und welche nicht.

Für ganz Kleine gibt es Sitzkissen-Konzerte!

17

Flughafen Stuttgart, oder: WER SORGT DAFÜR, DASS ES AM HIMMEL KEINEN FLUGZEUG-STAU GIBT?

Über 11 Millionen Menschen fliegen jährlich vom Stuttgarter Flughafen aus in andere Städte und Länder. Bei einer Flughafenführung erfährst du, was alles gemacht werden muss, damit es losgehen kann. Du siehst, wo das Gepäck hinkommt und wie das Flugzeug startklar gemacht wird.

Es sind Ferien und du fliegst mit deiner Familie in den Urlaub. Gerade hast du wie Hunderte andere Reisende deine Koffer am Terminal abgegeben. Aus dem Augenwinkel siehst du deine Tasche gerade noch über das Gepäckband rollen und dann ist sie auch schon verschwunden. Doch wie kommt sie jetzt in dein Flugzeug und somit an deinen Urlaubsort?

Bei einer Führung auf dem Flughafen darfst du einen Blick in den Gepäckverteiler werfen und siehst, nach welchem System die Koffer verteilt und verfrachtet werden. Auf der Tour durch die Terminals lernst du aber noch viel mehr Interessantes über den Flughafen. Täglich starten und landen bis zu 400 Flugzeuge in Stuttgart, die Start- und Landebahn ist 3345 Meter lang und es gibt insgesamt 106 Check-in-Schalter und 70 Gates – das sind die Ausgänge, über die du direkt in das Flugzeug gelangst. Am Flughafen selbst arbeiten über 11.000 Mitarbeiter. Vielleicht willst du später ja auch mal Pilot oder Fluglotse werden.

Info

FLUGHAFEN STUTTGART GMBH
Flughafenstraße 32   Tel. (07 11) 9 48-0
70629 Stuttgart   www.flughafen-stuttgart.de

Fluglotsen haben viel Verantwortung

Ein Fluglotse muss ganz schön viele Dinge gleichzeitig tun. Er behält auf einem Monitor viele Flugzeuge im Blick, hält Kontakt mit den Piloten und beobachtet ständig das Flugfeld. Wenn ein Flugzeug etwa 20 Kilometer vor dem Flughafen ist, nimmt der Lotse Kontakt mit dem Piloten auf, sagt ihm, ob er schon landen darf oder ob noch andere Flugzeuge vor ihm dran sind. Er sorgt also dafür, dass es keinen Stau am Himmel gibt. Fluglotsen geben den Piloten auch durch, wie stark der Wind ist und aus welcher Richtung er kommt, damit das Flugzeug sicher landen kann. Täglich sind viele Flugzeuge unterwegs. Und Fluglotsen kümmern sich im Prinzip darum, dass bei dem Gedränge nichts passiert und jeder Flieger sicher in die Luft und an sein Ziel kommt. Damit die Lotsen den Überblick behalten, arbeiten sie in einem Turm am Flughafen, im sogenannten Tower.

Du selbst kannst die Flugzeuge am besten von der Besucherterrasse aus beobachten. Dort stehen auch kleine Flugzeuge mit Pedalantrieb, in denen du selbst zum Piloten wirst.

Jedes Jahr findet in den Sommerferien das große Kinderfest am Flughafen statt

18

Bahnhof Stuttgart, oder:
WAS MACHT DER KOPF AN EINEM KOPFBAHNHOF?

Ein Bahnhof ist ein spannender Ort, wo es nur so von Menschen und Läden wimmelt. Der Stuttgarter Bahnhof befindet sich mitten in der Stadt und wird in den nächsten Jahren aufwendig umgebaut.

Menschen aus aller Welt laufen über die Bahnsteige am Stuttgarter Hauptbahnhof. Manche kommen an, manche beginnen gerade ihre Reise. Das Besondere am Stuttgarter Bahnhof ist, dass er bislang ein sogenannter Kopfbahnhof war. Bei so einem Bahnhof enden alle Hauptgleise im Bahnhof. Alle Züge können also nur an einer Seite hinein- und wieder hinausfahren. Zur Weiterfahrt ändert sich also die Fahrtrichtung, der Kopf des Zuges muss auf die andere Seite, an das Zugende. Früher sagte man dazu, es muss „Kopf gemacht" werden. Daher auch der Name Kopfbahnhof. Alle Züge, die in einen Kopfbahnhof einfahren, haben deshalb an beiden Enden eine Lokomotive oder einen Triebkopf, sodass die Loks nicht ab- und angekoppelt werden müssen. Denn das ist sehr zeitaufwendig! Der Lokführer wechselt einfach seinen Führerstand und dann geht es schon weiter.

Der Bahnhof als Großbaustelle

Nun wird der Bahnhof von einem Kopfbahnhof in einen unterirdischen Durchgangsbahnhof umgebaut. Das ist natürlich ziemlich aufwendig und der Bahnhof ist deshalb eine riesige Baustelle. Die Bewohner von Stuttgart haben viel

Info

TURMFORUM

Im Hauptbahnhof
Arnulf-Klett-Platz 2
70173 Stuttgart

Tel. (07 11) 2 09 22 92
www.s21erleben.de

darüber gestritten, ob der Umbau des Bahnhofs sinnvoll ist oder nicht. Und weil es gar nicht so leicht ist, zu erklären, was sich durch den Bahnhofsumbau alles ändert, findet im Bahnhofsturm die Ausstellung „Turmforum Bahnprojekt Stuttgart-Ulm" statt. Ein 3-D-Architektur-Modell zeigt dir dort ganz anschaulich, wie der Bahnhof in Zukunft aussehen soll, und erklärt dir vieles auch zum Thema Tunnelbau. In einem anderen Raum darfst du selbst kreativ werden und dir überlegen, wie das neue Stadtquartier, das durch den Bahnhofsumbau entsteht, aussehen soll. Willst du lieber große Parkflächen, Theater oder mehr Wohnungen und Spielplätze haben? Nach dem Ausstellungsbesuch bist du auf jeden Fall bestens über das Projekt namens Stuttgart 21 informiert und verstehst nicht mehr nur noch Bahnhof. Der Bahnhofsturm steht übrigens unter Denkmalschutz. Ihn wird es auch im neuen Bahnhof geben.

Nimm an einer Baustellenführung durch den Bahnhof teil

19 Rathaus Stuttgart, oder: WAS IST EIN PATERNOSTER?

Das Stuttgarter Rathaus ist nicht nur das Büro des Bürgermeisters. Hier ertönt auch fünfmal am Tag ein berühmtes Glockenspiel und im Inneren dreht ein historischer Aufzug seine Runden und hält dabei niemals an!

Es ist 14:35 Uhr und auf einmal ertönt ein Lied auf dem Rathausplatz. Du schaust hinauf zum fast 61 Meter hohen Rathausturm. Von dort oben kommen die Klänge des Stuttgarter Glockenspiels. Es besteht aus 30 freihängenden Glocken, die sich über drei Etagen verteilen. Jede von ihnen ist mit dem Stuttgarter Wappen verziert. Die kleinste Glocke hat gerade einmal einen Durchmesser von 22 Zentimetern und wiegt 6 Kilogramm. Die größte hingegen wiegt 950 Kilogramm.

Hoch hinaus

Bei einer Führung zum Glockenspiel steigst du 151 Treppen hinauf in den Turm. Oben angekommen, erhaschst du einen tollen Blick über die Stadt. Im Westen erspähst du den Bismarckturm, in Richtung Osten den Frauenkopf. Du schaust bis weit hinaus ins Remstal und auf der anderen Seite bis ins Kaltental.

Heute sieht das Rathaus von außen recht quadratisch und nüchtern aus. Das war nicht immer so. Einst zierten das Gebäude Wasserspeier und Fensterschmuck. Doch während des Zweiten Weltkrieges zerstörten Bomben das damalige Rathaus fast vollständig. Nur der Turm und ein Teil des Sei-

RATHAUS STUTTGART
Marktplatz 1
70173 Stuttgart

tenflügels überstanden den Angriff unversehrt und wurden in den Neubau mit aufgenommen.

Nicht entgehen lassen solltest du dir die Fahrt mit dem Paternoster. Das ist ein historischer Fahrstuhl, von denen es nur noch wenige in ganz Deutschland gibt. An zwei Ketten hängen mehrere Kabinen, die ständig in Bewegung sind und auf der einen Seite hoch- und auf der anderen wieder runterfahren. Du kannst also einmal im Kreis fahren. Ein Paternoster hat keine Türen und hält nicht an. Du steigst in den fahrenden Aufzug ein und hüpfst wieder raus. Ganz schön spannend.

Fast 300 Menschen arbeiten im Rathaus

20

Stadtbibliothek Stuttgart, oder:

SEIT WANN WERDEN SCHRIFTEN GESAMMELT?

Büchereien sind ein bisschen wie Kinderzimmer. Hier kannst du lesen, spielen und basteln. Nur die Auswahl an Büchern und Spielen ist viel größer als bei dir zu Hause. Und du kannst dort tolle Sachen anstellen wie zum Beispiel ein eigenes Buch gestalten.

Überall sind Kisten voller Bücher und Spiele. Es riecht nach Papier. Du liest, puzzelst oder schaust dir Comics an. Die Stadtbibliothek am Mailänder Platz ist der perfekte Ort für einen Familienausflug, vor allem an Regentagen. Schon von Weitem erkennst du die Bibliothek. Der quadratische Bau ragt oberhalb vom Stuttgarter Bahnhof im Europaviertel in die Höhe. Wie ein Würfel sieht die Bibliothek aus. Glasbausteine zieren die Fassade. Bei Nacht leuchten sie blau auf. Seit 2011 steht die Bücherei dort und besitzt rund eine Million Medien, das sind zum Beispiel Bücher, Zeitungen, CDs oder DVDs.

Bibliotheken gibt es schon ganz lange auf der Welt. Es gibt sie schon seit einigen Jahrtausenden. Damals waren es allerdings noch keine Bücher, die gesammelt wurden, sondern beschriftete Tontafeln. Nur mächtige Leute im Umfeld des königlichen Hofes durften die Bibliothek nutzen. Die wohl bekannteste Bibliothek der Antike ist die von Alexandria. Der makedonisch-griechische König Ptolemaios I. gründete sie im Jahr 288 vor Christus. Bis Mitte des 3. Jahrhunderts waren bereits viele Tausende Schriftrollen zusammengekommen.

Das Reich der Kinder

In der Stadtbibliothek Stuttgart ist der zweite Stock dein Reich. Hier befindet sich die Kinderbibliothek. Sie hält über 60.000 Medien speziell für dich und andere Kinder bereit. Zwischen den Büchern entdeckst du verschiedene Themeninseln. Eine sieht so aus wie ein Kinderzimmer. Ja wirklich! Sessel, Kinderbett, ein Tisch, Spielzeug, Kissen, ein flauschiger Teppich und natürlich Regale mit Büchern und Medien stehen dort. Von außen sehen die Themeninseln wie Würfel aus, im Inneren ist jeder Würfel unterschiedlich gestaltet. Es gibt Inseln zum Thema Freizeit, Vorlesen, Welt, Lernen, Natur, Technik, Geschichte, Kultur und Mensch. Auch ins Internet kannst du in der Stadtbibliothek Stuttgart kostenlos

Von der Bibliothek aus kannst du sogar aufs Dach klettern!

gehen. Bis zu deinem 12. Geburtstag brauchst du dafür aber einen Internet-Führerschein. Den kannst du direkt vor Ort machen.

Schreibe dein eigenes Buch!

In der Bibliothek finden viele Veranstaltungen statt. Für kleine Kinder zwischen 18 Monaten und 3 Jahren gibt es die Gruppe der sogenannten Windelflitzer. Gemeinsam mit einer Erzieherin schauen Eltern mit ihren Kindern Bücher, Geschichten und Gedichte an. An manchen Tagen lesen dir Lesepaten in der Veranstaltungsreihe „Leseohren aufgeklappt!" Geschichten vor oder du kannst lernen, Papier herzustellen, oder Teil eines Theaterstücks werden. Vielleicht willst du aber auch dein eigenes Buch schreiben und entwerfen. In der Buchkinderwerkstatt lernst du alle Schritte der Buchproduktion kennen. Über ein ganzes Schuljahr lang triffst du dich alle 2 Wochen mit anderen Kindern in der Bibliothek, um dein Buch zu gestalten. In Druckwerkstätten wird dein Buch dann illustriert und zu einem richtigen Werk gebunden. Am Ende des Projekts hältst du deine eigene Geschichte in den Händen. Für das Projekt musst du 7 Jahre alt sein und dich im Vorfeld anmelden.

STADTBIBLIOTHEK AM MAILÄNDER PLATZ

Mailänder Platz 1
70173 Stuttgart
Tel. (07 11) 2 16-9 11 00

www1.stuttgart.de/
stadtbibliothek

Papierschöpfen

Deine erste eigene Kurzgeschichte kannst du auf selbst gemachtes Papier schreiben. So geht's:

Zubehör

- Papier- und Pappreste
- Stabmixer
- engmaschiges Sieb (z. B. ein Pfannenspritzschutz)
- dünne Küchenlappen
- noch mehr Tücher und Lappen
- 1 große Wanne und 3 Eimer
- 2 Bretter

Anleitung

Sortiere die Papierreste nach Farben, zerkleinere sie etwas und weiche sie dann in Wasser ein. Nun zerkleinerst du das eingeweichte Papier mit dem Mixer noch weiter. Der Brei, der jetzt entstanden ist, heißt Pulpe.

Die graue Pulpe schüttest du in eine große Wanne mit Wasser und rührst sie mit den Händen durch.

Schöpfe die verdünnte Pulpe mit einem Behälter aus der Wanne und gieße sie auf das Sieb. Jetzt stürzt du das Sieb auf ein Tuch. Unter das Tuch legst du noch weitere Tücher, damit die Flüssigkeit gut aufgenommen wird. Mit einem Lappen saugst du die Flüssigkeit aus dem geschöpften Papier heraus. Nun presst du so viel Flüssigkeit wie möglich aus den Stücken, indem du den Lappen mit dem Papier zwischen weitere Handtücher legst. Diese Handtücher legst du samt Papierstück zwischen zwei Bretter. Am besten stellst du dich nun auf die Bretter. Lass die Papiere nun im Wind trocknen oder lege sie samt Lappen zum Trocknen hin. Für dein Buch schneidest du mehrere gleich große Stücke aus dem Papier, lochst sie und bindest sie mit einem schönen Band zusammen.

21

Sternwarte Stuttgart, oder:
WAS SIND EIGENTLICH STERNSCHNUPPEN?

Auf der Uhlandshöhe in Stuttgart Ost steht die Sternwarte. Wie in einem Abenteuerfilm stehst du im Turm und wartest darauf, dass sich das Dach über dir auftut und du durch das riesige Teleskop in den Nachthimmel schauen kannst.

Zwei kleine Türme stehen nebeneinander auf einer Anhöhe. Sie haben ein rundes Dach. Fenster haben die Türme nicht. Am Tag hast du von hier oben auf der Uhlandshöhe einen tollen Blick hinunter in die Stadt. Doch erst nachts, wenn es dunkel ist, wird es hier in der Sternwarte richtig spannend. Dann öffnen sich die runden Dächer der Türme und du schaust mit Fernrohren in den Himmel hinauf. Auf einmal kommen dir die Sterne, der Mond und die anderen Himmelskörper ganz nah vor.

Die Sternwarte steht seit 1922 hier in Stuttgart Ost und wird von ehrenamtlichen Mitgliedern des Vereins Schwäbische Sternwarte e. V. betrieben. Mehrmals die Woche führen dich die Experten für Himmelskörper durch die Sternwarte. Auch spezielle Kinderführungen bieten sie an. Nachdem du die Sternwarte betreten hast, schreitest du die Stufen hinauf in die Kuppel. Dabei läufst du an beleuchteten Diakästen vorbei. Sie zeigen dir aufgenommene Motive von Himmelskörpern. Doch gleich darfst du selbst durch das Teleskop linsen und nun die echten Sterne anschauen.

Info

STERNWARTE STUTTGART
Zur Uhlandshöhe 41
70188 Stuttgart

Tel. (07 11) 28 18 71
www.sternwarte.de

Blick durchs Teleskop

Besonders stolz ist die Sternwarte auf den historischen Refraktor mit einer Öffnung von 7 Zoll. Ein Refraktor ist ein anderes Wort für Fernrohr. Ein Fernrohr lässt entfernte Objekte um ein Vielfaches näher oder größer erscheinen. Dies wird durch eine Vergrößerung des Sehwinkels mithilfe von Linsen erreicht. Insgesamt besitzt die Sternwarte fünf fest montierte und ein transportables Teleskop. So kannst du auch von der Terrasse aus in die Sterne schauen. Mit etwas Glück entdeckst du vielleicht auch eine Sternschnuppe. Viele denken, dass Sternschnuppen vom Himmel fallende Sterne sind. Das ist nicht richtig. Sternschnuppen sind Gesteinskörner, die aus dem Weltall in die Erdatmosphäre gelangen und dabei verglühen. Man nennt sie auch Meteoriten. Diese Meteoriten entstehen, wenn größere Himmelskörper wie Gesteinsbrocken oder auch Planeten zusammenstoßen und dabei zerbrechen.

Schreibe vor der Führung deine Fragen auf und lass die Experten antworten

22 Seilbahn und Zahnradbahn, oder: WIE FÄHRT EINE BAHN OHNE FAHRER?

Stuttgart hat eine besondere Lage. Die Innenstadt liegt in einem Kessel. Immer wenn du rauswillst, musst du den Berg hoch, und zwar ziemlich steil. Deshalb gibt es in Stuttgart Bahnen, die es sonst nur in den Bergen gibt.

Langsam und fast geräuschlos schiebt sich der hölzerne Waggon auf Schienen den Berg hoch. Unter dir siehst du die Häuser immer kleiner werden. Mitten in Stuttgart sitzt du in einer Standseilbahn. Seilbahnen, die gibt es doch eigentlich nur in den Bergen. Oder? Nein, auch Stuttgart hat eine, und das schon seit fast 100 Jahren. 536 Meter lang ist die Strecke von Stuttgart-Heslach hinauf auf den Waldfriedhof in Degerloch – und die schafft die Seilbahn in nur 4 Minuten!

Start auf Knopfdruck

Die Bahn steht unter Denkmalschutz und befindet sich fast im Originalzustand aus dem Jahr 1929. In ganz Deutschland war sie die erste Standseilbahn mit automatischer Steuerung. Auf Knopfdruck setzt sich die Bahn in Bewegung. Sie braucht keinen Fahrer. An einem Stahlseil im Boden hängen zwei Waggons, die immer gleichzeitig unterwegs sind. Fährt der eine den Berg hinauf, fährt der andere hinunter ins Tal. In der Mitte treffen sie sich. Hier liegen für ein kurzes Stück zwei Gleise, damit die Bahnen aneinander vorbeifahren können.

Info

STUTTGARTER STRASSENBAHNEN AG
Zahnradbahn, zwischen Marienplatz und Degerloch
Seilbahn, zwischen Südheimer Platz und Waldfriedhof
www.ssb-ag.de

Bist du mit der Bahn dann in Degerloch angekommen, folgst du dem Wegweiser mit dem blauen Socken. Der sogenannte Blaustrümpflerweg führt dich nämlich direkt zur nächsten außergewöhnlichen Bahn in Stuttgart: zur Zacke. Diese Bahn ist eine Zahnradbahn. An der Unterseite der Bahn drehen sich Zahnräder, die in eine zwischen den beiden Schienen liegende Zahnstange greifen. Seit 1884 bewegt sich die Bahn so fort und kutschiert Gäste vom Marienplatz in Stuttgart-Süd hinauf nach Degerloch und zurück. Anfangs brachte sie nicht nur die Arbeiter von den Fildern hinab in den Kessel, sondern sie transportierte Milchkannen, Obst und Gemüse von den Feldern oder Baustoffe in die Residenzstadt. Heute ist sie die einzige Zahnradbahn in Deutschland, die du wie eine normale Straßenbahn nutzen kannst. Hier gibt es auch einen Fahrer. Kurios ist der spezielle Fahrradwagen vor der Bahn. Auf ihm lässt du dein Rad bequem den Berg hochschieben. Vor allem Mountainbiker nutzen das. Denn in Degerloch startet eine Downhill-Strecke, also eine Abfahrtsstrecke für Mountainbiker.

In nur 4 Minuten vom Großstadtdschungel in den Wald

Maultaschen, oder:
WARUM VERSTECKT MAN FLEISCH IM NUDELTEIG?

Maultaschen sind ein echt schwäbisches Gericht. Sie sehen ähnlich wie Ravioli aus und sind das Lieblingsessen vieler Kinder.

Wolltest du schon mal in Hamburg in einem Restaurant Maultaschen bestellen, weil die kleinen Teigtaschen dein Lieblingsessen sind? Dann hast du vielleicht festgestellt, dass sie im Norden Deutschlands gar nicht auf der Speisekarte stehen. Ganz anders sieht es in Stuttgart und der Region aus. Maultaschen sind in schwäbischen Lokalen nicht von der Speisekarte wegzudenken. Mal gibt es sie in der Brühe, mal mit in Butter angebratenen Zwiebeln und Kartoffelsalat oder klein geschnitten und in Ei angebraten.

Hungrige Mönche

Die Maultaschen werden manchmal auch als Herrgottsbscheißerle bezeichnet. Ein komischer Name, oder? Die Geschichte zu dem Namen ist auch lustig. Während der Fastenzeit, die von Aschermittwoch bis Ostersonntag andauert, galt es bei den Christen als Sünde, Fleisch zu essen. Auch heute verzichten noch viele Menschen in dieser Zeit darauf. Die Schwaben hatten dennoch Lust auf Fleisch. Kurzerhand haben sie es einfach in der Maultasche – also im Nudelteig – versteckt, damit Gott die Sünde nicht sieht.

Der Legende nach kamen Mönche aus Maulbronn ursprünglich auf diese verrückte Idee. Deswegen heißen die Maultaschen auch Maultaschen, nämlich nach dem Ort Maulbronn. Allerdings gibt es noch eine zweite Legende, wie die Maultaschen wohl ins Schwabenland gekommen sind. In der Nähe von Maulbronn ließen sich einst Glaubensflüchtlinge aus Norditalien nieder. Weil sie ihre Ravioli und Tortellini aus der Heimat vermissten, kochten sie hier in Schwaben etwas Ähnliches nach. Aus den Kochversuchen resultierte die Maultasche. Demnach hätte das schwäbische Leibgericht also italienische Wurzeln.

So oder so: Die Schwaben lieben Maultaschen. Und gerade an Ostern, wenn die Fastenzeit endet, kommen bei den meisten Stuttgartern am Gründonnerstag oder Karfreitag Maultaschen auf den Tisch.

Versuche einmal, selbst Maultaschen herzustellen!

23 Stuttgarter Markthalle, oder:
WAS IST EINE JACKFRUCHT?

Früher wie heute ist die Markthalle ein zentraler Platz in der Stadt, an dem Händler verschiedene Waren aus aller Welt anpreisen. Hier bekommst du bunte Obstbecher und entdeckst Süßigkeiten aus fremden Ländern, die du zuvor noch nie gesehen hast.

Es riecht nach Gewürzen, Fisch, Bananen und Blumen. Menschen wimmeln durch die Gänge, probieren verschiedene Käse, lassen sich von der Marktfrau kandierte Nüsse in Papiertüten packen. Sie kaufen Fisch und packen exotisch aussehende Früchte ein. In der Stuttgarter Markthalle verkaufen über 30 Händler ihre Waren. Das Angebot kommt aus aller Herren Länder. Schon vor Hunderten von Jahren trafen sich die Menschen an ganz zentralen Stellen in der Stadt, um mit Waren zu handeln. Die Märkte fanden zunächst unter freiem Himmel statt. Bereits 1450 entstand in Stuttgart ein Gebäude, das im Erdgeschoss Verkaufsbuden besaß. Als es abgerissen wurde, war es wieder König Wilhelm I., der 1864 die erste richtige Markthalle erbauen ließ. Bald schon war allerdings auch diese Halle zu klein, weshalb Anfang des 20. Jahrhunderts eine neue gebaut wurde. Noch heute sieht die Markthalle fast so aus wie damals. Außen zieren viele Erker, Arkaden und Türmchen die Fassade, wie es für die Epoche des Jugendstils typisch ist. Über die Halle wölbt sich ein großes Glasdach.

Info

MARKTHALLE STUTTGART
Dorotheenstraße 4
70173 Stuttgart

Tel. (07 11) 4 80 41-0
www.markthalle-stuttgart.de

![Stuttgarter Markthalle Innenansicht mit Marktständen]

Exotische Lebensmittel

Begib dich selbst auf eine Entdeckungstour durch die Stände der Markthalle. Bestimmt entdeckst du Dinge, die du noch nie zuvor gesehen hast. Oder weißt du, was eine Jackfrucht ist? Die riesige Frucht hat eine genoppte Schale. Unreif ist sie blassgrün. Mit zunehmender Reife wird die Jackfrucht gelb. Bis zu einem Meter groß und zwischen 10 und 40 Kilogramm schwer kann sie werden. Ihr Name leitet sich vom malaysischen Wort „Chakka" ab, was übersetzt einfach „rund" bedeutet. Sie schmeckt nach Vanille, Ananas und Banane und wächst in Südostasien und Südamerika an bis zu 20 Meter hohen Bäumen.

Eine Jackfrucht wiegt bis zu 40 Kilogramm

24

Wilhelma, oder:
WARUM HEISST DER STUTTGARTER ZOO NICHT EINFACH ZOO?

Elefanten reiben ihre Rücken an einem Stamm, Affen hüpfen von Baum zu Baum und Seelöwen springen durch das Wasser. In der Wilhelma wohnen über 11.000 Tiere. Aber auch 7500 verschiedene Pflanzenarten wachsen hier. Denn der Stuttgarter Zoo ist zugleich auch ein botanischer Garten, und das ist einmalig in Deutschland!

Hast du dich schon einmal gefragt, warum bestimmte Affen als Menschenaffen bezeichnet werden? Oder warum manche Fische im Dunkeln leuchten und warum Flamingos so oft auf einem Bein stehen?

Die Antworten bekommst du in der Stuttgarter Wilhelma. Ganz verschiedene Tiere wie kleine Schildkröten, große Giraffen, gefährliche Löwen, plappernde Papageien und kuschelige Hasen leben hier. Sie alle haben im Tierpark, der so groß wie 40 Fußballfelder ist, sozusagen ihre eigene Wohnung, ihr eigenes Revier. Die Tiere sind in verschiedene Gruppen unterteilt. Da gibt es die afrikanischen Huftiere wie Zebras und Somali-Wildesel, die Gruppe der Bären und Klettertiere, die Raubtiere oder die Kleinsäuger und Nachttiere. Es gibt sogar einen Schaubauernhof mit riesigen Schwäbisch-Hällischen Landschweinen, Kühen, Hühnern und einem Streichelzoo. Am besten schaust du dir vor deinem Besuch in der Wilhelma einmal die Homepage an und überlegst dir, welche Tiere du unbedingt bei deinem Zoobesuch sehen möchtest.

Kistenweise Futter

So viele Tiere machen natürlich auch viel Arbeit. Deshalb arbeiten über 300 Menschen in der Wilhelma, damit sich die Tiere wohlfühlen und genug zu essen bekommen. Manche

von ihnen sind Gärtner, manche Tierpfleger, manche Ärzte. Die Pfleger zum Beispiel kaufen einmal in der Woche kistenweise Obst und Gemüse auf dem Großmarkt für die Tiere ein, damit sie satt werden. Die Huftiere fressen aber am allerliebsten Heu und Stroh. Das stellen die Mitarbeiter der Wilhelma großteils selbst her. Sie mähen in allen Parkanlagen in Stuttgart die Wiesen und verarbeiten das Gras in der Heuanlage im Rosensteinpark zu Futterballen für die Tiere.

Aber auch die vielen Pflanzen brauchen Pflege. Im Amazonienhaus wanderst du auf einem schmalen Dschungelpfad durch einen Regenwald, wie es ihn in Südamerika gibt. Dabei entdeckst du verrückte und bunte Pflanzen wie den Kanonenkugel- oder den Kakaobaum und viele Lianen, die an Bäumen hängen.

Sei bei den Tierfütterungen dabei **!**

Badehaus für den König

Aber warum heißt die Wilhelma eigentlich Wilhelma und nicht einfach Stuttgarter Zoo?

Vor über 200 Jahren lebte und regierte ein König in Stutt-

gart. Er hieß König Wilhelm I. von Württemberg und er wollte ein neues Badehaus mit einem schönen Garten haben. Zu dieser Zeit war es modern, Gebäude wie aus den Märchen aus Tausendundeiner Nacht zu bauen. Also mit ganz vielen Schnörkeln, bunten Fenstern, runden Kuppeln und vielen Türmen. Auch Wilhelm wollte so einen Bau und benannte ihn ganz einfach nach sich selbst: Wilhelma. Die Parkanlage sollte so ähnlich wie die berühmte Burg Alhambra in Spanien aussehen und deshalb nennen manche Leute die Wilhelma die Alhambra am Neckar. Überall in der Wilhelma verteilt siehst du deshalb so wunderschöne Gebäude. Da gibt es einen maurischen Festsaal, eine imposante Halle, in der man heute sogar heiraten kann, und ein Gebäude namens Belvedere, das wie ein kleines Schlösschen aussieht.

Anfangs wohnten in der Wilhelma also gar keine Tiere. Es war einfach nur ein schöner Park. Erst 1951 zogen die ersten Tiere ein. Giraffen, Zebras und Antilopen kamen zur Schau der afrikanischen Steppentiere nach Stuttgart und blieben hier. Das war der Anfang der tierischen Geschichte der Wilhelma.

Übrigens wirst du in der Wilhelma auf dem Parcours der Kinderturn-Welt selbst zum Tier. Mal hüpfst du so wie ein Känguru auf dem Trampolin, mal hangelst du dich wie ein Affe hoch durch die Luft oder du kletterst wie eine Echse über ein Netz. An neun Stationen erzählen dir animierte Tierfiguren von ihrer Heimat. Ahme ihre Bewegungen nach und mach dein Kinderturn-Diplom! Das Reiseheft dafür findest du in den Boxen am Eingang der Wilhelma.

Info

WILHELMA
Wilhelma 13
70376 Stuttgart

Tel. (07 11) 54 02-0
www.wilhelma.de

Pflanzen färben

Im botanischen Garten in der Wilhelma wachsen exotische und bunte Pflanzen. Auch du kannst dir für zu Hause ganz einfach bunte Pflanzen züchten. Wie das geht? Du musst den Pflanzen einfach buntes Wasser zu trinken geben.

Material

- durchsichtige Vasen oder Gläser
- Wasser
- Lebensmittelfarbe
- Staudensellerie mit Blättern oder weiße Blumen

Anleitung

Fülle mehrere Gläser mit Wasser auf und stelle sie an einen sonnigen Platz in der Wohnung. Nun rührst du in jedes Glas eine andere Lebensmittelfarbe und stellst die Stängel des Staudenselleries oder die weißen Blumen hinein. Schon nach ein paar Stunden, spätestens nach einem Tag, fangen die Blätter an, sich zu verfärben. Und nach zwei bis drei Tagen erstrahlen die Pflanzen in den sattesten Farben.

EXPERIMENT

25

Nymphaea, oder:
WO SPEICHERT DER BIBER ENERGIERESERVEN FÜR SCHLECHTE ZEITEN?

Mitten im Neckar machen es sich auf einer kleinen Insel Ziegen, Hasen, Enten, Nagetiere und Reptilien im Tierpark Nymphaea gemütlich.

Direkt am Eingang des Tierparkskannst du nämlich einen Eimer voll Popcorn kaufen, um es an die Tiere zu verfüttern. Während der Esel laut Iaaahh! ruft, springen die Ziegen ein Gehege weiter emsig über Steine und schnappen sich vorsichtig das Popcorn aus deiner Hand. Wuschelige Hasen hüpfen durch einen Stall und bunte Papageien plappern auf Bäumen vor sich hin.

Scharfe Zähne

Du gehst einen kleinen Weg entlang, der sich durch den Park schlängelt. In Terrarien erspähst du Nattern und Schildkröten und auf einem Stein sonnt sich vielleicht gerade ein Biber. Er hat lange Barthaare, winzige Ohren und lange orangene Zähne. Der Biber gehört zu den Nagetieren, die sich von Gräsern, Kräutern und Gehölzen ernähren. Ein Biber kann Bäume bis zu einem Durchmesser von 50 Zentimetern fällen. Das ist in etwa so groß wie ein Fahrradreifen von einem Erwachsenenrad. Seine Zähne müssen also ganz schön stabil sein.

Info

TIERPARK NYMPHAEA
Nymphaeaweg 12
73730 Esslingen

Tel. (07 11) 31 43 90
www.tierpark-nymphaea.de

Deshalb bestehen Biberzähne wie die Zähne bei uns Menschen aus Magnesium und Calcium. Zusätzlich haben die Zähne des Bibers Eisenverbindungen. Dieses Eisen macht die Zähne hart und es färbt sie orange. Sie sind messerscharf. Besonders markant ist der Schwanz des Bibers. Er wird auch Kelle genannt und ist breit, flach und beschuppt und unglaublich wichtig für den Biber. Mit diesem Schwanz hält er beim Fressen im Wasser die Balance und an Land dient er als Stütze. Beim Schwimmen nutzt er die Kelle als Höhen- und Seitenruder und als Flosse, um schneller schwimmen zu können. Mit dem Schwanz kommuniziert er mit anderen Bibern und vor allem kann er dort Fett als Energiereserve einlagern. Findet er mal weniger zu fressen, kann er auf diese Reserven zurückgreifen.

Am Ende des Parks befindet sich ein Spielplatz !

26

Höhenpark Killesberg, oder:
WIE GROSS DARF MAN SEIN, UM IN EINER LILIPUTBAHN MITZUFAHREN?

Eine Dampflok tuckert zischend durch den Park. Ziegen und Esel strecken ihre Hälse nach dem Futter in deiner Hand aus. Ein Turm wie eine Wendeltreppe ragt in die Höhe und ein 100 Jahre altes Karussell dreht seine Runden. Im Killesberger Höhenpark wird ganz schön was geboten.

50 Hektar ist der Park groß –das entspricht 70.000 Fußballfeldern! Man könnte also sagen, dass der Park ziemlich riesig ist. Schon von Weitem siehst du kleine weiße Dampfwolken aufsteigen und hörst das Tuckern der Killesbergbahn. Bereits seit 1939 zuckelt diese Bahn zischend eine 2 Kilometer lange Runde über den Killesberg. Zwischen April und Oktober chauffiert dich eine der fünf Loks durch den Park. Seit 1995 steht diese Bahn sogar unter Denkmalschutz. Der Tazzelwurm, das Springerle und die Santa Maria sind Dampfloks, der Blitzschwoab und der Schwoabapfeil Dieselloks.

Kleine Bahnen für große Leute

Die Killesbergbahn ist aber keine normale Parkbahn, sondern eine Liliputbahn. Liliputbahnen sehen exakt so aus wie normale Loks, sie sind nur viel, viel kleiner. Genauer gesagt viermal kleiner als die Originale. Mitfahren dürfen trotzdem alle. Es gibt keine Größenbeschränkung. Deutschlandweit gibt es nur vier Liliputanlagen. Die Killesbergbahn ist die älteste davon. Mit 15 Kilometern pro Stunde fährt sie durch den Park und legt dabei einen Höhenunterschied von 60 Metern zurück. Die Idee einer Parkeisenbahn hatten übrigens die Engländer. Wohlhabende Adelige bauten sie sich zum Spaß in ihre Parkanlagen.

Tierisches Vergnügen

Minischweine, Lamas, Ziegen, Schafe, Esel, Hühner und Ponys tummeln sich auf der weitläufigen Tierwiese. Für 10 Cent bekommst du am Automaten etwas Futter in die Hand. Nur wenige Meter weiter stelzen etliche Flamingos durch ihre eigene Teichanlage. Etwas weiter bergauf tobst du dich auf dem Spielplatz aus, bevor es dann hinüber zum historischen Jahrmarkt geht. Seit über 20 Jahren gastiert direkt unterhalb des Killesbergturms von etwa Ostern bis Oktober Eliszi's Jahrmarktstheater. Im historischen Karussell drehst du eine Runde auf der Giraffe oder dem Elefanten und in der Schiffsschaukel

Im Sommer gibt es Eis, Crêpes- und Wurststände im Park

schwingst du dich hoch in die Luft, bevor du dein Glück in der Hutwurfbude versuchst. Von April bis September finden im Theaterzelt jeden Nachmittag um 16 Uhr wechselnde Kasperle-, Clown- und Figurentheaterstücke für Kinder ab 3 oder 4 Jahren statt.

174 Treppen stapfst du bis zur Spitze des 42 Meter hohen Killesbergturms hoch. Seit 2001 steht der Turm hier im Park. Er sieht wie eine Wendeltreppe aus. Wenn du den Turm erklimmst, solltest du allerdings schwindelfrei sein. Er schwankt nämlich etwas hin und her. Aber die Aussicht entschädigt für deine Mühen. Der Blick auf den Stuttgarter Kessel, die Schwäbische Alb und das Remstal ist herrlich.

Info

HÖHENPARK KILLESBERG
Stresemannstraße
70192 Stuttgart

Dein Schatten-Kompass

Der Killesbergpark ist ganz schön groß. Da kannst du dich schnell verlaufen. Mit dem Schatten-Kompass bekommst du deine Orientierung wieder zurück. Er kann dir die Richtung weisen. Eine der Wiesen im Park ist der perfekte Ort, um den Kompass in Ruhe auszuprobieren.

Material

- eine gerader Stock
- 2 Steine
- ein Blatt Papier
- Zeit
- Sonne

Anleitung

Such dir einen geraden Stock im Park, stecke ihn senkrecht in den Boden und lege das Blatt Papier davor. Nun wirft der Stock einen Schatten auf das Blatt. An die Spitze des Schattens platzierst du deinen ersten Stein. Nun musst du mindestens 30 Minuten warten.

Der Schatten ist nun weitergewandert und du legst den zweiten Stein an die zweite Schattenspitze. Jetzt stellst du dir eine Linie von Stein zu Stein vor. Diese verläuft von West nach Ost. Und jetzt weißt du natürlich auch wo die Nord-Süd-Linie verläuft. Genau: im rechten Winkel dazu. Und so hast du wieder deine Orientierung gefunden.

EXPERIMENT

27

Haus des Waldes, oder:
WARUM SIND PFLANZEN UND BÄUME DIE LUNGE DER STADT?

An einem Forstkicker fällst du Bäume, im Sandkasten baust du einen Wald und ein Paternoster erklärt dir den Beruf des Försters. Die Mitmach-Ausstellung StadtWaldWelt im Haus des Waldes ist alles andere als langweilig.

Du stehst in einem Haus mit einem gewölbten Dach. Alles ist aus Glas. Durch die Scheiben siehst du hinaus in den Wald. In einer Ecke kletterst du auf den Fernsehturm in einer anderen bestaunst du Waldtiere. Im Haus des Waldes darfst du so viel spielen, bauen, klettern und toben, wie du willst, und erfährst dabei einiges über den Wald.

Die Ausstellung ist in drei Bühnen aufgeteilt. In Stadt, Wald und Welt. In der Stadt, der ersten Bühne, spielst du in der Küche mit Holzspielzeug, erfährst im Badezimmer, wie viel Wasser zur Herstellung einer Jeans benötigt wird, oder jonglierst einen Ball am Klimakicker durch das Häusermeer von Stuttgart. Klettere hinauf auf den Fernsehturm und lerne, warum er sich wie ein Grashalm im Wind bewegen kann.

Viel Natur in Stuttgart

Stuttgart ist eine der grünsten Großstädte in ganz Europa. Es gibt hier also ganz viel Wald, Weinberge und Parkanlagen. Diese Grünflächen braucht Stuttgart auch ganz dringend. Ohne die Pflanzen und Bäume würde nämlich kein frischer Wind und somit keine frische Luft in die Innenstadt kommen. Die Abgase würden in der Stadtluft im Stuttgarter Talkessel hängen bleiben. Man spricht vom Stuttgarter Kessel, weil die Innenstadt den niedrigsten Punkt von Stuttgart

bildet und sich von hier aus zu jeder Seite hin Hügel erstrecken. Die Pflanzen atmen also für die Stadt und werden deswegen auch die grüne Lunge Stuttgarts genannt. Bäume sind hervorragende Klimaschützer. Sie stellen Sauerstoff her und verbrauchen dabei das klimaschädliche CO_2 (Kohlenstoffdioxid). Eine ausgewachsene Buche produziert täglich Sauerstoff für bis zu 50 Menschen. Außerdem senken Bäume im Sommer die Temperatur, indem sie Wasser verdunsten und so der umgebenden Luft Wärme entziehen. Im Wald oberhalb des Talkessels von Stuttgart kühlt es daher nachts ab. Es bildet sich eine hohe Wand aus kalter Luft, die überall in der Stadt frische Luft hinbringt, wo ihr nichts im Wege steht. Man kann wieder durchatmen.

Die zweite Bühne ist der Wald. Weißt du, welche Tiere im Wald leben? Klar: Eichhörnchen, Hasen, Dachse. Aber es gibt noch viel mehr Tiere. Manche davon kannst du nur durch ein Mikroskop beobachten. In einer Hand voll Walderde leben mehr Lebewesen als Menschen auf der ganzen Welt. Wenn du an der Kurbel des Forstpaternosters drehst,

lernst du, was ein Förster so alles macht, warum er tote Bäume im Wald liegen lässt, welche er fällt und welche er aberntet.

Eine Weltkugel, auf der du alle Wälder der Erde siehst, stellt die dritte Bühne dar. Willst du wissen, wie die verschiedenen Wälder aussehen? Dann schau durch die Guckis. Außerdem siehst du hier, was passiert, wenn der Regenwald abgeholzt wird, und erfährst, warum es besser ist, einen Stuhl aus heimischem Holz anstatt aus Tropenholz zu kaufen.

> *Über das Jahr hinweg gibt es viele großartige Veranstaltungen* **!**

Auf dem Sinneswandel-Weg

Jetzt geht es aber ab nach draußen in den richtigen Wald. Der 1,3 Kilometer lange Sinneswandel-Weg ist barrierefrei und führt dich mitten durch den Wald. An fünf Stationen erlebst du, was es in einem Wald alles zu sehen gibt, wie der Wald riecht, was für Geräusche er macht, wie ein Baum von der Wurzel bis zur Krone aussieht und was man aus Holz so alles machen kann.

Info

HAUS DES WALDES
Königssträße 74
70597 Stuttgart

Tel. (07 11) 9 76 72-0
www.hausdeswaldes.de

Sichtbarer Sauerstoff

Vielleicht weißt du aus dem Biologieunterricht bereits, wie Fotosynthese funktioniert und wie wichtig sie für uns ist. Ohne Fotosynthese wäre nämlich das Leben auf der Erde gar nicht möglich. Bei der Fotosynthese nehmen Pflanzen das schädliche Kohlenstoffdioxid aus der Luft auf und produzieren daraus mithilfe von Wasser und Licht Sauerstoff und Glucose. Den Sauerstoff geben die Pflanzen wieder ab, und wie du weißt, brauchen wir diesen zum Atmen. Wie die Pflanzen den Sauerstoff liefern, siehst du ganz deutlich bei folgendem Experiment:

Zunächst brauchst du ein hohes Glas, eine Wasserpflanze und eine kleine Tüte voll Zierkies für ein Aquarium. Jetzt füllst du das Glas mit Wasser auf und gibst die Wasserpflanze, zum Beispiel eine Wasserpest, hinein. Dann füllst du den Boden mit dem Kies auf, sodass die Pflanze fest steht. Nach einem Tag wirst du sehen, dass sich bereits kleine Bläschen an den Pflanzen gebildet haben. Das ist der Sauerstoff, den die Pflanze produziert hat.

Sauerstoff ist ein Gas und deshalb im Wasser als kleine Blase sichtbar, weil es leichter ist oder besser gesagt eine geringere Dichte als Wasser hat. Stellst du das Glas mit der Pflanze nun in die pralle Sonne, werden die Bläschen bald aufsteigen. Denn mit der Kraft des Lichts hat es die Pflanze geschafft, Sauerstoff herzustellen. Du hast also das Ergebnis der Fotosynthese, den Sauerstoff, sichtbar gemacht.

EXPERIMENT

Brezelkörble, oder:
WIE OFT SCHEINT DIE SONNE DURCH EINE BREZEL?

Die Brezel ist aus dem Schwabenland nicht wegzudenken. Das geschwungene Gebäck hat eine lange Geschichte und ist der Lieblingssnack der Schwaben.

Aus einem Teig eine Brezel zu formen ist gar nicht mal so einfach. Wer kam denn darauf, das Laugengebäck derart über Kreuz zu schwingen? Tatsächlich werden viele Geschichten erzählt, wie die Brezel entstand. Einer Geschichte nach war es ein Bäcker aus Bad Urach auf der Schwäbischen Alb, der die Brezel erfand. Allerdings tat er das nicht freiwillig. Dieser Bäcker hatte sich bei seinem Landesherrn einen Frevel erlaubt und war eigentlich dem Tode geweiht. Doch der Landesherr bot dem Bäcker einen Deal an. Würde der Bäcker ein Gebäck erfinden, durch das die Sonne dreimal hindurchscheint, würde der Landesherr ihm Gnade erweisen. Lange probierte der Bäcker hin und her, bis er schlussendlich den richtigen Schwung raushatte und die Brezel erschuf: Drei Löcher hat eine Brezel. Hebst du sie in Richtung Himmel, kann die Sonne also dreimal hindurchscheinen.

Der erste Imbissstand war ein Kinderwagen

Auf der Königsstraße gibt es drei Häuschen namens Brezelkörble, in denen du ausschließlich Brezeln und anderes Laugengebäck kaufen kannst. Andere Imbissstände findest du nicht. Es gibt keine Burger, keine Rote Wurst oder Pommes. Wie kommt das? Die Brezelkörble sind der Bäckerstochter

BÄCKER FRANK
Wächterstraße 9   Tel. (07 11) 24 18 38
70182 Stuttgart   www.baecker-frank.de

In Erdmannshausen gibt es ein Brezelmuseum !

Ursula Zotz-Füess zu verdanken. Die Stuttgarterin war zu ihrer Zeit die einzige Bäckersgesellin im Land und wurde 1959 sogar Bundessiegerin im Bäckerhandwerk. Daraufhin erhielt sie ein Stipendium für die USA. Sie wurde also finanziell gefördert, um sich weiterzubilden. In New York stellte sie fest, dass die Menschen dort überall auf den Straßen kleine Stände hatten, an denen sie Essen verkauften. Die Idee brachte sie mit nach Stuttgart und verkaufte ab 1969 Brezeln auf der Königsstraße. Zuerst aus einem klappbaren Kinderwagen mit Sonnenschirm, zwei Jahre später erhielt sie die Genehmigung für die Brezelkörble. Heute sind die Häuschen genauso ein Wahrzeichen der Stadt wie der Fernsehturm oder das Schloss.

28

Rot- und Schwarzwildpark am Bärenschlössle, oder:

WO WURDE IN STUTTGART EIN BÄR BEZWUNGEN?

?

Im Naturschutzgebiet rund um das Bärenschlössle entdeckst du einen Wald voller Hirsche, Füchse und Wildschweine, Seen, in denen Schildkröten planschen, und ein Schlösschen, vor dem zwei Bären thronen.

Gar nicht weit von der Stuttgarter Innenstadt entfernt liegt der Rot- und Schwarzwildpark am Bärenschlössle. Hirsche und Wildschweine hausen dort zusammen mit vielen anderen Waldbewohnern und seltenen Tieren wie dem Rotmilan oder dem Wespenbussard. In einer Stadt ist es für Tiere gar nicht so leicht, ein Zuhause zu finden, in dem sie sich wohlfühlen und ungestört sind. Und deshalb ist der Glemswald rund um das Bärenschlössle im Stuttgarter Westen schon seit 1939 Naturschutzgebiet.

In den Bärenseen leben Schildkröten

Am besten drehst du erst eine Runde um die drei Seen. Schau dir das Wasser ganz genau an. Dicke Karpfen schwimmen dicht unter der Wasseroberfläche. Aber was räkelt sich da auf dem Ast im Wasser? Es sind Schildkröten. Besser gesagt Rotwangen-Schmuckschildkröten. Eigentlich leben diese Schildkröten in Terrarien. Vor ein paar Jahren hat sie jemand einfach ausgesetzt und die Schildkröten haben sich dann vermehrt.

Die drei Seen sind künstlich angelegte Stauseen, in denen du leider nicht baden darfst. Schon vor über 400 Jahren hat-

Info

BÄRENSCHLÖSSLE IM ROTWILDPARK
Madentalstraße 14
70569 Stuttgart

Tel. (07 11) 69 25 50
www.baerenschloessle-stuttgart.de

ten die Menschen in Stuttgart zu wenig Trinkwasser und deshalb ließ Herzog Christoph 1566 das Wasser vom Fluss Glems zu einem See stauen. Es entstand der erste der drei Seen, der Pfaffensee. Später kamen dann der Bärensee und der Neue See hinzu. Oberhalb des Bärensees steht das Bärenschlössle. Vor dem Schloss thronen zwei mächtige Bären aus Bronze. Zusammen wiegen sie über 600 Kilogramm. Vielleicht versuchst du mal hinaufzuklettern, um so zum Bärenbezwinger zu werden. Genau deshalb stehen die Bären nämlich hier. Laut einer Legende gab es am Schloss eine Bärenfalle, in der ein Bär gefangen wurde. Aber das ist wohl eher ein Märchen.

Vom Schloss aus ist es nicht mehr weit bis zum Rot- und Schwarzwildgehege.

Erfahre auf dem Waldlehrpfad alles über die Geschichte des Glemswaldes und seine Pflanzen und Tiere

29

Stadtteil-Bauernhof, oder:

WARUM RIECHT KLEIDUNG AUS SCHAFWOLLE NACH DEM SPORT NICHT NACH SCHWEISS?

Mitten in der Stadt, zwischen Wohnhäusern und Zuggleisen, steht ein großer Bauernhof mit Pferden, Schafen, Hasen, Gänsen und Ziegen. Zieh deine Gummistiefel an, füttere die Tiere, miste den Stall aus und werde selbst zum Bauer oder zur Bäuerin.

Du wolltest schon immer mal Traktor fahren oder wissen, was Gänse am liebsten fressen? Dann ab mit dir auf den Stadtteil-Bauernhof in Bad Cannstatt. Der Hof war vor vielen Jahren wirklich ein ganz normaler Bauernhof. Die Bauernfamilie produzierte Getreide, Milch, Gemüse und Obst und verkaufte die Waren auf dem Markt. Irgendwann hat sich das aber nicht mehr gelohnt und der Bauernhof sollte geschlossen werden. Viele Anwohner fanden das traurig und sie gründeten einen Verein, damit der Bauernhof und die Tiere in Bad Cannstatt bleiben konnten. Mittlerweile hat der Verein feste Mitarbeiter eingestellt und der Bauernhof ist heute eine pädagogisch betreute Einrichtung. Es sind also immer geschulte Betreuer vor Ort und du kannst täglich ohne Voranmeldung auf den Hof kommen, um zu spielen, zu werkeln, zu gärtnern oder um Hütten zu bauen.

Samstags ist Familientag auf dem Bauernhof mit Kuchen und tollen Aktionen

Tiere füttern und Stall ausmisten

Und du versorgst natürlich die Tiere. Du fütterst die Hasen mit Karotten und Gurken, füllst den Schafen mit einer Gießkanne den Wassertrog auf, gibst den Pferden frisches Heu

Info

STADTTEIL-BAUERNHOF BAD CANNSTATT
In den Wannenäckern 27   Tel. (07 11) 9 07 97 18
70374 Stuttgart   www.stadtteilbauernhof-stuttgart.de

und den Gänsen Salat zu fressen und hilfst beim Ausmisten des Stalls. Die Betreuer erklären dir auch, warum Kleidung aus Schafwolle nach dem Sport nicht nach Schweiß stinkt. Beim Skifahren zum Beispiel tragen viele Leute gern Ski-unterwäsche aus Wolle, weil sie so schön warm hält. Beim Skifahren kommst du schnell ins Schwitzen. Kleidung aus synthetischen Fasern riecht dann schnell nach Schweiß. An-ders bei Kleidung aus Wolle. Schafwolle besitzt nämlich ein Protein namens Kreatin. Dieses Kreatin zersetzt auf ganz natürlich Weise die stinkenden Milchsäure-Bakterien im Schweiß und die Kleidung müffelt nicht.

30

Tierheim Stuttgart, oder:
WAS MACHT EIN TIER-
SCHUTZVEREIN? **?**

Egal ob Hund, Katze, Schwein, Maus oder Hase: Im Tierheim in Stuttgart finden ausgesetzte und entflohene Tiere ein Zuhause. Du selbst kannst in der Jugendtierschutzgruppe aktiv werden und den Tieren etwas Gutes tun.

Im Tierheim in Stuttgart-Botnang leben ganz schön viele Tiere. Sobald du das Gelände betrittst, hörst du sie. Außer Hunden und Katzen leben im Tierheim auch ganz exotische Tiere. Vogelspinnen, Leguane und Schlangen hast du vielleicht nicht unbedingt in einem Tierheim erwartet, oder?

Oft leben die Tiere hier, weil die Besitzer mit der Haltung überfordert sind oder sie festgestellt haben, dass sie nicht genug Zeit für sie haben. Gut, dass es den Tierschutzverein gibt. Dieser Verein betreibt nämlich das Tierheim und gibt den ausgesetzten und entflohenen Tieren ein neues Zuhause. Sie kümmern sich um die Tiere, halten sie sauber, geben ihnen zu essen und helfen dabei, einen neuen Besitzer für sie zu finden. Außerdem plant der Verein viele Tierschutzaktionen. Weil die Haltung und die Pflege der Tiere Geld kosten, muss der Verein auch immer wieder Aktionen und Feste planen, um Spendengelder für das Tierheim zu bekommen.

Natürlich kannst du auch einfach so mal die Tiere besuchen !

Werde aktiver Tierschützer

Und seit 2003 gibt es nun auch eine Jugendtierschutzgruppe in Stuttgart. In dieser Gruppe treffen sich regelmäßig Jugendliche im Alter zwischen 10 und 17 Jahren. Gemeinsam mit anderen Kindern besuchst du zum Beispiel regelmäßig das Tierheim und kümmerst dich dort um herrenlose Tiere.

Info

TIERSCHUTZVEREIN STUTTGART UND UMGEBUNG E. V.

Furtwängler Straße 150   www.stuttgarter-tierschutz.de
70195 Stuttgart

Du hilfst bei der Pflege mit, machst das Vogelhaus sauber, striegelst die Pferde und gehst mit einem Hund Gassi. Aber du bewegst noch viel mehr in der Jugendtierschutzgruppe. Gemeinsam macht ihr euch Gedanken, wie man Tiere artgerecht behandelt und wie ihr erfolgreich gegen Tierquälerei vorgehen könnt. Dazu organisiert ihr immer wieder Tierschutzaktionen.

31

Naturschutzbund Stuttgart, oder:

WAS HABEN FRÖSCHE IN EIMERN ZU SUCHEN?

Gemeinsam mit dem Naturschutzbund begibst du dich auf Erkundungstour durch die Wälder und Grünflächen in Stuttgart. Dort lernst du Pflanzen und Tiere kennen, erfährst, welche Tierarten bedroht sind, und wirst zum Gärtner und Tierschützer.

Erleben, schützen und beraten: Mit diesen drei Worten beschreibt der Naturschutzbund Stuttgart sich selbst. Aber was heißt das denn genau?

Das erste Wort „erleben" bedeudtet, dass du gemeinsam mit dem Naturschutzbund viele Ausflüge in die Stadtnatur von Stuttgart unternimmst. Der Naturschutzbund hat es sich nämlich zum Ziel gesetzt, dir und all den anderen Kindern vieles zur Natur hier in der Stadt zu erklären. Deshalb gibt es im Naturschutzbund gleich sieben verschiedene Kindergruppen. Die Naturzwerge zum Beispiel bauen ihr eigenes Obst und Gemüse an und die Waldfüchse lauschen Vögeln, bauen Waldhütten und ertasten die Rinden unterschiedlicher Bäume. Die Gruppe der Naturjugend hilft schon selbst aktiv beim Naturschutz mit. Dort säuberst du Nistkästen, rettest Erdkröten oder hilfst dabei, Graugänse zu beringen. Egal wie alt du bist, beim Naturschutzbund findest du die passende Gruppe für dich.

Schau dir auf der Homepage an, welche Kindergruppen es genau gibt

Werde aktiver Naturschützer

Kommen wir zum nächsten Wort: „schützen". Tatsächlich setzt sich der Naturschutzbund ganz aktiv für allerlei Tie-

Info

NABU STUTTGART
Charlottenplatz 17
70173 Stuttgart

Tel. (07 11) 62 69 44
www.nabu-stuttgart.de

re ein. Im Frühjahr rettet er während der Kröten-
wanderung Frösche, Molche und Erdkröten vor
dem Straßentod. Denn sobald es warm wird, er-
wachen diese Tiere aus der Winterstarre und machen sich auf den Weg in das Gewässer, in dem sie
selbst geboren wurden. Dort wollen sie ihre Eier
ablegen. Auf diesem Weg müssen die Tiere oft
Straßen überqueren. Deshalb werden Zäune auf-
gestellt und der Naturschutzbund gräbt an diesen
Zäunen Eimer in die Erde. Dort fallen die Frösche hinein,
wenn sie die Straße überqueren wollen. Gemeinsam mit
Mitarbeitern vom Naturschutzbund trägst du die Tiere über
die Straße und rettest ihnen so das Leben. Nun zum letzten
Wort: „beraten". Der Naturschutzbund berät die Bürger und
erklärt ihnen, warum Naturschutz für Stuttgart so wichtig
ist und was man alles dafür machen kann, damit sich die
Tiere auch in der Zukunft hier in der Stadt wohlfühlen.

32 Islandpferde-Zentrum Stuttgart, oder: WAS SIND TÖLT UND PASS?

Mitten in Stuttgart zwischen dem Pragsattel und dem Robert-Bosch-Krankenhaus befindet sich das Islandpferde-Zentrum. Steig auf, lerne zu reiten und alles Wichtige über die süßen Pferde.

Hinter einer strubbeligen Mähne schauen dich zwei große Augen an. Mit seiner Nase stupst dich das kuschelige Islandpony an. Wie der Name schon sagt, kommen diese Pferde aus Island. Die Insel liegt – wenn du auf eine Landkarte schaust – zwischen England und Grönland nur etwas unterhalb vom nördlichen Polarkreis. Dort auf der Insel ist es also oft kalt. Es schneit und regnet viel. Deshalb sind Islandpferde außerordentlich wetterfest und haben ein dichtes Fell, das sie mollig warmhält. Und obwohl sie mit einem Stockmaß von 130 bis 150 Zentimetern recht klein sind, können sie dank ihrer starken Muskeln auch Erwachsene tragen.

Du wirst die Pferde hier im Islandpferde-Zentrum in Stuttgart bestimmt schnell in dein Herz schließen. Islandpferde gelten nämlich als sehr freundlich und gutmütig, aber auch als sehr selbstbewusst.

Mit dem Schiff nach Island

Nach Island kamen die Pferde übrigens ursprünglich schon im 9. Jahrhundert mit den Wikinger-Schiffen. Was die Islandpferde besonders macht, sind die zwei zusätzlichen Gangarten Tölt und Pass. Normale Pferde haben nur drei Gangarten: Schritt, Trab und Galopp. Die Gangart Tölt sieht

Info

ISLANDPFERDE-ZENTRUM STUTTGART
Krailenshaldenstraße 45   Tel. (07 11) 12 85 18 63
70469 Stuttgart   www.islandpferde-stuttgart.de

ein bisschen aus wie Schritt, die Pferde laufen jedoch dabei viel schneller. Es berühren aber immer nur ein oder zwei Hufe den Boden. Beim Schritt sind es immer zwei oder drei. Die Gangart Pass wird auch „fliegender Schritt" genannt, weil es so aussieht, als ob die Pferde gar nicht den Boden berühren würden. Beim Pass sind immer die beiden linken Beine oder die beiden rechten Beine am Boden. Bei den anderen Gangarten wechseln die Beine sich diagonal ab. Wenn du also mal Reitstunden nehmen willst oder gleich Reiterferien bei den Islandpferden verbringen möchtest, dann schau im Islandpferde-Zentrum in Stuttgart vorbei.

Hier findet auch heilpädagogisches Reiten statt

Äffle & Pferdle, oder:
WAS IST DER HAFER– UND BANANENBLUES?

Ab und an huschen vor der Tagesschau im Ersten Programm ein Äffle und ein Pferdle über den Bildschirm. Sie sprechen breites Schwäbisch und kommen ursprünglich aus Stuttgart.

Drei lange Haare zieren den runden Kopf vom Äffle. Das Pferdle mit seinem dicken Bauch und der schwarzen Mähne hat ein bisschen verschlafene Augen und ist der beste Freund vom Äffle. Die beiden Zeichentrickfiguren sind ziemlich berühmt. Jeder in Stuttgart kennt die schwäbisch sprechenden Tiere. Erfunden hat die beiden Figuren der Filmemacher Armin Lang. Er produzierte in den 60er-Jahren Kurzfilme für den damaligen Süddeutschen Rundfunk.

Vor der Tagesschau im Ersten Programm gab es schon damals ein regionales Werbefenster. Dieses wurde von den verschiedenen Rundfunkanstalten unterschiedlich bespielt. In Hamburg lief also etwas anderes als in Baden-Württemberg oder Bayern. Der Süddeutsche Rundfunk wollte mit seinen Kurzfilmen das Vorabendprogramm auflockern und die Zuschauer zum Lachen bringen. Und so erfand Armin Lang kurzerhand die zwei lustigen Freunde.

Hamster statt Äffle

Auf der Suche nach dem Hauptdarsteller entschied sich Armin Lang rasch für das Stuttgarter Wappentier – das Pferd. Anfangs unterhielt das Pferdle die Zuschauer allein. Auch sprechen konnte es noch nicht und es lief auf vier Beinen. Erst ein paar Jahre später bekam das Pferdle einen Freund. Eigentlich sollte ein Hamster namens Maultäschle sein Geselle werden.

www.aeffleundpferdle.de

Doch die Wilhelma baute zu dieser Zeit gerade das Affen-
haus. Davon inspiriert schwenkte Armin Lang noch einmal
um und rief das Äffle ins Leben. Über 1900 Spots gibt es mitt-
lerweile von den beiden. Der bekannteste Clip ist wohl der
Hafer- und Bananenblues. Dort singen die beiden tierischen
Freunde über ihre Lieblingsspeisen, über Hafer und Bananen.
Der Song schafft es sogar regelmäßig in die Charts der SWR1-
Hitparade.

*Schau dir
unbedingt
mal das
Video vom
Hafer- und
Bananen-
blues an* !

33

WIE WEIT FLIEGT EINE BIENE, UM EIN GLAS HONIG HERZUSTELLEN ?

Der Sonnenhof ist ein Erlebnisbauernhof. Hier kuschelst du mit Tieren, fährst Traktor, kletterst im Hochseilgarten oder tauchst ins Maislabyrinth ab.

Ein Rind mit zotteligem Fell steht am Zaun. Zwei große Hörner schmücken seinen Kopf und durch die Nase hat es einen Ring. Um das Rind tummeln sich Schafe. Es sind keine normalen Schafe. Sie haben langes, gekräuseltes Fell. Ihre Nasen sind schwarz, genauso wie ihre Augen, Ohren, Vorderknie und Knöchel. Ansonsten sind sie weiß. Weißt du, um welche Tiere es sich handelt?

Das Rind ist ein Schottisches Hochlandrind und die Schafe heißen Walliser Schwarznasenschaf. Und sie alle wohnen hier auf dem Sonnenhof. Der Sonnenhof ist ein Erlebnis-Bauernhof. Am Eingang steht auf Schildern geschrieben, was du hier alles anstellen kannst.

Bauernhofidyll mitten in der Stadt

Vielleicht möchtest du Hasen und Ziegen streicheln, Traktor fahren oder die Hühner angucken. Ein Kind reitet auf einem Pony, ein anderes auf einem Esel. Schweine und Kühe gibt es auch auf dem Hof. Nicht zu vergessen die Enten und die rund 100.000 Bienen. Über zehn Bienenvölker schwirren im Sommer durch die Gegend, bestäuben die Pflanzen und produzieren Honig, den du im Hofladen kaufen kannst. Wusstest du, dass eine Biene theoretisch dreimal um die ganze Welt fliegen muss, damit ein Glas Honig voll wird?

Info

DER SONNENHOF
Sonnenhof 1
70378 Stuttgart

Tel. (07 11) 5 07 46 20
www.dersonnenhof.com

Der hofeigene Imker erklärt dir gern, wie ein Bienenvolk lebt und was es so anstellt, damit Honig entsteht. Ein paar Waben hat der Sonnenhof in einer Art Glashaus ausgestellt. Dort kannst du genau sehen, wie die Bienen arbeiten.

Hoch hinaus geht es für dich im hofeigenen Klettergarten und dein Orientierungssinn ist im Maislabyrinth gefragt. Ein Quiz führt dich zuerst ins Maisfeld und danach auf den Hof. Wie ein Detektiv musst du versteckte Fragestationen finden und Rätsel über die Besonderheiten des Sonnenhofs lösen.

Du kannst hier sogar Reiterferien verbringen

34 Württemberg Alpakas, oder: WARUM SPUCKEN ALPAKAS?

Umringt von Weinbergen stapfen am Fuße des Württembergs unterhalb der Grabkapelle in Untertürkheim gemächlich ein paar Alpakas über die Wiese. Alpakas, das sind doch diese Tiere mit dem weichen, wuscheligen Fell, die ab und an spucken. Oder?

Ja genau. Alpakas sind eine Art Kamelform, die manchmal spucken. Die Tiere stammen aus den Anden. Das ist ein Gebirge in Südamerika. Die meisten Alpakas wohnen in Peru. Fast 80 Prozent des weltweiten Bestands kommen von dort. Die Tiere sind vor allem wegen ihrer Wolle gefragt. Gerade in den Anden in Südamerika wird es oft richtig kalt. Ein Pulli aus Alpaka-Wolle hält die Leute dort mollig warm.

Wie und warum gibt es jetzt aber in Stuttgart Alpakas? Tatsächlich sind Alpakas in den letzten Jahren zu richtigen Trendtieren geworden. Vielleicht liegt es daran, dass sie so einen ruhigen und friedlichen Charakter haben. Gabriele Schäfer, die Besitzerin der Württemberg Alpakas, hatte ihre erste Begegnung mit einem Alpaka auf dem Landwirtschaftlichen Hauptfest in Cannstatt. Sie verliebte sich sofort in die Tiere und so zogen 2005 die ersten Alpakas auf ihre Weide. Seitdem züchtet sie gemeinsam mit ihrer Tochter Vanessa die Tiere. Jetzt kannst du mit den Alpakas auf Wanderung gehen.

Wie schwer werden Alpakas?

Am Anfang der Tour erklären dir Gabriele und Vanessa erst einmal viel über die Tiere. Sie erzählen dir, dass Alpakas am

Info

WÜRTTEMBERG ALPAKAS
Württembergstraße
70327 Stuttgart

Tel. (01 71) 1 23 26 13
www.wuerttemberg-alpakas.de

liebsten Gras und Heu fressen, männliche Tiere zwischen 60 und 80 und weibliche Tiere etwa 55 Kilogramm schwer werden. Bei einem Blick auf die Füße siehst du, dass Alpakas keine Hufe haben. Sie gehören zu den Schwielensohlern und Paarhufern und haben einen weichen Ballen und zwei große Zehennägel. Und ja, Alpakas können wirklich spucken. Sie machen das im Streit gegenüber ihren Artgenossen, zur Erziehung ihrer Fohlen und zum Ausmachen der Rangordnung oder als Signal für den Hengst, wenn die Stuten trächtig sind. Auf der zweistündigen Tour darfst du die Alpakas selbst am Halfter führen.

Es gibt hier auch Hühner, Hasen und Meerschweinchen

35

Eiswelt Stuttgart, oder:
WARUM BRAUCHEN EISHOCKEYSPIELER KÄLTERES EIS ALS EISKUNSTLÄUFER?

Du willst wie eine Eisprinzessin Pirouetten drehen oder wie ein Eishockeyspieler über das Eis flitzen? Dann bist du in der Eiswelt Stuttgart genau richtig. Jedes Jahr öffnen die Eishallen von Oktober bis März ihre Tore.

Das Licht in der Halle ist gedämmt. Scheinwerfer werfen bunte Lichtstrahlen hinunter aufs Eis. Musik aus den aktuellen Charts dröhnt aus den Lautsprechern. Zusammen mit Freunden gleitest du übers Eis, drehst mit deinen Schlittschuhen an den Füßen Runde für Runde durch die Halle und siehst deinen Atem in der kalten Luft dampfen. Die Eis-Disco auf der Waldau hat Kultstatus. Jeden Sonntag von 17.00 bis 21.30 Uhr heißt es Licht aus und Musik an – und das schon seit vielen, vielen Jahren. Selbstverständlich kannst du aber auch unter der Woche hier auf der Waldau eislaufen. Deine Schlittschuhe bringst du dir entweder selbst mit oder du leihst sie dir vor Ort aus.

Du kannst dir auf der Waldau auch ein echtes Eishockey-Bundesligaspiel anschauen **!**

Schlittschuhkurse
Für absolute Schlittschuh-Neulinge bietet es sich an, einen Eislaufkurs zu machen. Dort lernst du im Kurs A zunächst das Vorwärtsfahren. Sicherlich hast du nach kurzer Zeit eine ganze Kür drauf und fährst durch den Tunnel. In den folgenden Kursen kommen immer mehr Figuren hinzu und in der Hocke zu fahren ist bald ein Kinderspiel für dich. Die Kurse finden an verschiedenen Tagen unter der Woche und am Wochenende statt. In den Weihnachts- und Faschingsferien bietet die Eiswelt sogar Kompaktkurse an.

Wie ein Kühlschrank

Alles in der Eiswelt steht und fällt mit Eis. Dabei sind die Ansprüche an die Eisfläche je nach Sportart ganz unterschiedlich. Eishockeyspieler brauchen ganz hartes und kaltes Eis von minus 8 Grad Celsius, damit der Puck richtig flitzt und schnell über das Eis gleitet. Eisläufer hingegen mögen etwas weicheres Eis von minus 2 Grad Celsius. So haben die Kufen der Schlittschuhe besseren Halt und die Eiskunstläufer können ihre Figuren besser stehen.

Für das Eis in den Hallen ist eine technische Anlage verantwortlich, die im Prinzip wie ein Kühlschrank funktioniert. Pro Eisfläche steht ein Behälter mit dem flüssigen

Kühlmittel namens Ammoniak zur Verfügung. Dieses Ammoniak wird bei minus 25 Grad Celsius in gewundenen Rohrleitungen in die Betondecken unter der Eisfläche eingeleitet. Insgesamt sind die Rohrleitungen ganze 66 Kilometer lang. Das Ammoniak wird zunächst zu Gas und entzieht der Umgebungsluft bei diesem Prozess Wärme. Dadurch gefriert das Wasser auf der Eisbahn. Nun muss das Ammoniak aber wieder flüssig werden. Zwei Kompressoren saugen dazu das gasförmige Ammoniak an, erhitzen es auf etwa 180 Grad Celsius und leiten es in einen Kondensator ein. Dort kommt kaltes Wasser hinzu und das Ammoniak wird wieder flüssig. Bei diesem Prozess wiederum entsteht Wärme und das kalte Wasser wird heiß. Die Eiswelt nutzt dieses heiße Wasser für die Duschen und Heizungen in der Halle. Das flüssige Ammoniak fließt nun in die Ursprungsbehälter zurück und der Kreislauf beginnt von vorn. Ein ganz schön gut ausgetüfteltes System also.

Info

EISWELT STUTTGART
Keßlerweg 8
70597 Stuttgart

Tel. (07 11) 21 69 81 11
www.eiswelt-stuttgart.de

Gefrorene Seifenblasen

Außer Schlittschuh fahren kannst du im Winter noch so einige großartige Dinge anstellen. Kreiere doch mal ein Kunstwerk aus gefrorenen Seifenblasen.

Material

- 200 Milliliter Leitungswasser
- 35 Milliliter Maissirup
- 35 Milliliter Spülmittel
- 2 Esslöffel Zucker
- Seifenblasen-Stab
- Temperaturen unter minus 10 Grad Celsius

Das Spülmittel sorgt wie bei normalen Seifenblasen für die Blasenbildung. Der Maissirup sorgt dafür, dass die Lauge und somit die Wand der Seifenblasen dicker wird, und der Zucker zeichnet später schöne Kristallmuster auf die gefrorenen Seifenblasen.

Anleitung

Zunächst rührst du die Seifenblasenlauge nach obigem Rezept an und dann stellst du die Flüssigkeit für 15 Minuten in das Gefrierfach, bis sie richtig kalt ist. Nun gehst du nach draußen und suchst dir einen Platz für dein Experiment. Du tauchst den Stab in die Flüssigkeit und pustest langsam die Blase auf einen ebenen, kalten Untergrund. Dort kann sie besser als in der Luft gefrieren. Und schon hast du ein super Kunstwerk erschaffen.

EXPERIMENT

36

Mineralbad Leuze, oder:
WARUM IST BADEN IN MINERALWASSER GESUND?

600 Quadratmeter ist die Kinderbadelandschaft im Mineralbad Leuze groß. Im Wasserkanal lässt du dein Boot durch Schleusen fahren, im Kinderbecken saust du die Rutsche hinunter und hüpfst durch Wasserfontänen.

Mineralbad – das hört sich eigentlich nicht nach einem Bad an, in dem Kinder willkommen sind. Im Mineralbad Leuze ist das aber anders. Vor etwas über zehn Jahren baute die Stadt den Kindern im Leuze ein eigenes Bad im Bad. Der Kinderbereich ist riesig. Hier badest du im Plansch- und Nichtschwimmerbecken oder machst es dir auf einer Ruheliege oder auf einem der beheizten Sitzplätze mit extra Vesperecke bequem. Natürlich darfst du aber auch in den ganz normalen Schwimmbecken für Erwachsene baden.

Mineralwasser zum Trinken

Sicherlich merkst du schnell, dass hier im Mineralbad Leuze irgendetwas anders ist als in anderen Schwimmbädern. Wenn du mit dem Kopf unter Wasser tauchst, schmeckt das Wasser anders und es fühlt sich auch irgendwie anders an. Das liegt am Mineralwasser. Das Wasser, das die Becken im Leuze speist, sprudelt ganz naturbelassen direkt aus einer Quelle in die Schwimmbecken. Es ist kohlensäurehaltig und absolut chlorfrei. Es enthält also keine Chemie. Deshalb kannst du es auch an verschiedenen Brunnen im Bad trinken.

Das Baden im Mineralwasser ist sogar gesund. Wie der Name schon verrät ist das Wasser reich an Mineralstoffen.

Info

DAS LEUZE MINERALBAD

Am Leuzebad 2
70190 Stuttgart

Tel. (07 11) 2 16-9 97 00
www.stuttgart.de/baeder/leuze

Woher aber kommen diese Mineralstoffe? Das Wasser hat bereits einen langen Weg hinter sich, bevor es im Schwimmbecken im Leuze landet. Es musste sich einen Weg durch verschiedene Gesteinsschichten bahnen. Auf diesem Weg hat das Wasser Mineralstoffe wie zum Beispiel Magnesium, Kalzium und Natrium vom Gestein aufgenommen. Und genau diese Mineralstoffe tun uns Menschen gut. Und deswegen ist das Baden in Mineralwasser gesund. Das wussten übrigens schon die Römer vor über 2000 Jahren. Auf sie geht nämlich die heutige Badekultur zurück.

Im Außenbereich gibt es einen super Spielplatz

37

Stuttpark, oder:
WARUM SIND SKATEBOARDS SO HART ?

Stuttgart gilt deutschlandweit als Hochburg der Skater. Das Skateboardfahren hat hier lange Tradition. Nur 1 Minute vom Bahnhof Bad Cannstatt entfernt befindet sich die riesige Indoor-Skatehalle Stuttpark. Hier übst du deinen Flip, Ollie und Grind und wirst bald selbst zum Skateprofi.

Das Skateboardfahren gehört zu deinen Hobbys und du nutzt jede freie Minute, um mit deinem Board über Treppen und Bordsteine zu springen? Dann ab mit dir in den Stuttpark, in die Skatehalle, in der sich die Skateszene von Stuttgart trifft.

Schon in den 80er-Jahren fingen ein paar Jungs und Mädchen an, mit dem Skateboard durch die Straßen von Stuttgart zu rollen. „Können die nicht ganz normal durch die Stadt laufen wie alle anderen?", warfen die Stuttgarter damals den Skatern vor. Doch schnell entwickelte sich in Stuttgart eine richtige Skateboard-Szene. Immer mehr junge Leute zog es auf das Brett und rasch wurde Stuttgart zur Skateboard-Hochburg in Deutschland. Einer der ersten Skateboarder aus Stuttgart ist Torsten Frank. Heute ist er wohl der berühmteste Skateboard-Filmer auf der ganzen Welt. Ausgestattet mit Board und Kamera dreht er überall auf dem Globus Videos von Skatern und ihren Tricks. Und deshalb durfte er auch den Stuttpark mitgestalten.

Info

STUTTPARK
Kegelenstraße 19
70372 Stuttgart

Tel. (07 11) 55 37 27 58
www.stuttpark.net

Mehrtägige Skatekurse

Deinen Flip, Grind, Ollie oder andere Tricks übst du entweder selbst oder du nimmst an einem der Skatekurse ab 6 Jahren in der Halle teil. In den Ferien bietet der Stuttpark oft mehrtägige Skatecamps an. Dort lernst du außer dem Skaten selbst auch alles, was dazugehört: Wheelbase checken, Tricks filmen oder das eigene Deck mit Airbrush besprühen. Skateboards werden meist aus hartem Ahornholz gepresst. Es stammt überwiegend aus der Region der Great Lakes in Nordamerika. Dort ist die Luft kalt und feucht, weshalb die Ahornbäume in dieser Region sehr langsam wachsen und das Holz eine starke Dichte bekommt. Dadurch ist das Holz sehr bruchsicher und perfekt für die hohe Belastung der Skateboards geeignet.

Es gibt viele Elemente und Rampen in der Halle!

Hip-Hop-Szene Stuttgart, oder: WAS HABEN AMERIKA-NISCHE SOLDATEN MIT RAP ZU TUN?

Stuttgart ist wie keine andere Stadt in Deutschland für seinen Hip-Hop bekannt. Künstler wie die Fantastischen Vier, Freundeskreis, Cro und Die Orsons kommen von hier.

Hip-Hop. Vor 30 Jahren wusste in Deutschland niemand, was das ist. Bis dahin gab es hier keinen Hip-Hop. Erst die Fantastischen Vier machten den deutschen Sprechgesang, wie man Hip-Hop auch nennt, in den 90er-Jahren populär. Die vier Rapper aus Stuttgart landeten mit dem Song „Die da!?!" einen großen Hit. Nur kurze Zeit später kamen immer mehr Hip-Hop-Künstler hinzu. Freundeskreis, Afrob und die Massiven Töne sind nur ein paar der bekannten Hip-Hop-Bands. Sie alle kommen aus Stuttgart. Aber warum siedelte sich die Hip-Hop-Szene gerade hier in Stuttgart und nicht etwa im hippen Berlin oder in Hamburg an?

Es gibt viele Hip-Hop-Tanz-kurse in Stuttgart !

Jugendhaus Mitte

Grund dafür sind amerikanische Soldaten. Das hört sich zunächst einmal komisch an. Seit Ende des Zweiten Weltkrieges sind in Stuttgart amerikanische Soldaten stationiert. Sie leben in den US-Kasernen, die sich über ganz Stuttgart verteilen. In Amerika gibt es Hip-Hop schon viel länger. Rapper singen von ihrem Leben in Ghettos oder von sozialen Missständen. Auch in Stuttgart hatten die Soldaten ihre eigenen Clubs, in denen sie live rappten. So kam der Hip-Hop nach Stuttgart und Thomas D, Mitglied der Fantastischen Vier, traute sich in genau einem dieser Clubs als Erster, auf Deutsch zu rappen. Stuttgart wird zur Geburtsstadt des deutschen Hip-Hops.

Die anderen Rapper finden anfangs die Fantastischen Vier allerdings viel zu uncool. Deshalb tun sich 1992 unter dem Namen Kolchose viele Künstler zusammen und bilden einen Gegenpol zu den Fantastischen Vier. Zur Kolchose gehören Rapper, aber auch Breakdancer, Künstler und Sprayer. Die ersten großen Auftritte hatte die Kolchose übrigens im Stuttgarter Jugendhaus Mitte. 25 Jahre später folgt nun mit Cro und Co die zweite Generation an Hip-Hop-Künstlern. Und immer noch ist es so, dass es in Stuttgart mehr Hip-Hop-Konzerte als anderswo in Deutschland gibt.

38

Kletterzentrum Stuttgart, oder:
WAS IST EIGENTLICH TOPROPE-KLETTERN?

Eine der weltweit größten Kletter- und Boulderanlagen findest du in Stuttgart-Degerloch auf der Waldau. Sobald du dir ein Klettergeschirr anlegst, geht es hoch hinaus für dich.

Gespannt stehst du mitten in der Kletterhalle. Gerade bestaunst du, wie eine Frau ganz leichtfüßig die bis zu 16 Meter hohe Wand hinaufklettert. 460 verschiedene Kletterrouten stehen dir hier im Kletterzentrum zur Auswahl. Nirgendwo anders in Baden-Württemberg gibt es eine so große In- und Outdoor-Kletteranlage wie hier auf der Waldau. Bei schönem Wetter kannst du auch im Freien einen Felsen hochkraxeln. Aber Klettern ist gar nicht so einfach, wie es aussieht.

Deshalb bieten die verschiedenen Sektionen des Alpenvereins Kletterkurse an. Die Sektion Stuttgart hat in regelmäßigen Abständen ein Schnupperklettern im Programm. An diesem Tag darfst du zum ersten Mal ein bisschen am Fels klettern und du lernst die Kletterausrüstung kennen.

Kletter- und Boulderkurse

Hat dir dieser Tag Spaß gemacht, nimmst du im nächsten Schritt am Grundkurs Sportklettern teil. Dort lernst du die Grundlagen für das selbstständige Toprope-Klettern in künstlichen Anlagen. Aber was ist eigentlich Toprope-Klettern?

Als Toprope bezeichnet man eine Art der Sturzsicherung beim Klettern. Bei dieser Sicherungsform ist das Seil am Routenende in einer Umlenkung eingehängt. Dein Siche-

Info

DAV-KLETTERZENTRUM STUTTGART

Friedrich-Strobel-Weg 3
70597 Stuttgart

Tel. (07 11) 3 19 58 66
www.kletterzentrum-stuttgart.de

rungspartner muss, während du kletterst, das Seil immer ganz straff halten. So kannst du dich jederzeit ohne Sturz ins Seil setzen, um auszuruhen oder um wieder hinunter auf den Boden zu gelangen. Im Grundkurs lernst du dich also einzubinden, dich zu sichern und abzulassen, und du erlernst natürlich die Grundlagen der Klettertechnik. Kletterst du lieber ohne Sicherung an kleinen Felsen, ist ein Boulderkurs die richtige Wahl für dich.

Boulder *ist das englische Wort für* Felsblock **!**

39

Inselbad Untertürkheim, oder:

WARUM HAT MAN UNTER WASSER DRUCK AUF DEN OHREN?

Das älteste Schwimmbad in ganz Stuttgart befindet sich am Neckar auf einer Halbinsel in Untertürkheim. Dort springst du vom einzigen 10-Meter-Sprungturm der ganzen Stadt oder lässt dich durch den Strömungs-kanal treiben.

Im Familienbecken rutschst du die 90 Meter lange Wasser- oder die Breitrutsche hinunter. Du legst dich auf eine Unterwasserliege oder lässt dich durch den Strömungskanal treiben. Wie ein Profi kraulst du im 50 Meter langen Sport-becken durchs Wasser. Außerdem hat das Schwimmbad auch einen großen Spielplatz und am Kiosk gibt's natürlich Pommes und Eis in rauen Mengen.

Viele Wasserattraktionen

Ganz am Ende des Schwimmbads siehst du ihn hoch in die Luft ragen. Den 10-Meter-Sprungturm. Traust du dich, von dort oben hinunterzuspringen? Falls ja, dann tauchst du mit etwa 50 Kilometern pro Stunde tief ins Wasser ein. Sicher-lich verspürst du dann einen Druck auf den Ohren. Doch warum ist das so? Normalerweise herrscht auf beiden Seiten deines Ohrs der gleiche Druck und das Trommelfell dich-tet deinen Gehörgang luftdicht ab. Bei einem Geräusch wird dein Trommelfell in Schwingung versetzt und leitet so den Ton in dein Mittelohr. Bist du unter Wasser, wird der Druck

Das Insel-bad hat auch einen tollen Spielplatz !

Info

INSELBAD UNTERTÜRKHEIM
Inselbad 4
70327 Stuttgart

Tel. (07 11) 21 65 71 60
www.stuttgart.de/baeder

auf der einen Seite stärker und dein Trommelfell wird nach innen gedrückt. Das gleiche Phänomen tritt auf, wenn du in einem Flugzeug sitzt und es startet oder landet. Durch das Aus- und Eindrücken des Trommelfells kann es nicht mehr frei schwingen und du hörst alles leiser und gedämpfter und spürst einen Druck auf dem Ohr.

40

Max-Eyth-See, oder:
WAS IST EINE JOLLE? **?**

Grillen, Fußball spielen oder Boot fahren: Sobald die Sonne scheint, ist der Max-Eyth-See ein beliebter Treffpunkt, um das schöne Wetter und die Natur zu genießen.

Sehr viele Seen gibt es in Stuttgart nicht. Umso beliebter ist daher der 600 Meter lange Max-Eyth-See in Stuttgart-Hopfen am Neckar. Sobald die Sonne scheint, wimmelt es auf der Wiese rund um den See von Menschen. Würstchen brutzeln auf dem Grill, Familien spielen Federball und Frisbee, Kinder kicken auf dem Rasen. Auch allerlei Vögeln gefällt es hier am Seeufer. Mit etwas Glück erspähst du Haubentaucher, Graugänse, Blesshühner und sogar ein paar Kormorane.

Eine Bootsfahrt

Den Max-Eyth-See gibt es übrigens noch nicht immer. Er ist erst durch den Abbau von Kies entstanden. 1935 wurde das Gebiet zur Sport- und Badeanstalt erweitert. Heute darfst du in dem See leider nicht mehr schwimmen, dafür aber Boot fahren. Im Bootsverleih wählst du zwischen Tret-, Ruder- oder sogar einem Elektroboot. Tatsächlich schippern aber auch viele Jollen über das Wasser. Jollen, das sind ganz kleine Segelboote. Denn wenn du in Stuttgart deinen Segelschein machen möchtest, dann hast

Info

MAX-EYTH-SEE
70378 Stuttgart

du deine Praxisstunden hier auf dem See. Obwohl der See so klein ist, bietet er dir durch seinen ständig drehenden Wind ideale Voraussetzungen, um das Segeln zu lernen. In etwa 40 Praxisstunden lernst du unter anderem, wie man richtig an- und ablegt, wie man wendet, den Anker auswirft und rückwärtssegelt. Am einfachsten kommst du mit dem Fahrrad oder Inlinern zum See.

Max Eyth war ein Ingenieur und Schriftsteller

41

Schlossgarten Stuttgart, oder:
WAS IST DAS GRÜNE U?

**Stuttgart ist ganz schön grün. Nur wenige andere Groß-
städte in Deutschland haben mehr öffentliche Parkflächen
als die Landeshauptstadt von Baden-Württemberg. Hier
warten Spielplätze, ein Bach voller dicker Karpfen und ein
Bolzplatz auf dich.**

Enten watscheln über Wiesen und fressen Gras, im Bach
schwimmen Karpfen, Eichhörnchen klettern an Bäumen
hoch und ab und an hoppelt ein Hase herum. Familien
veranstalten auf der Wiese Picknicke, Kinder sind mit dem
Fahrrad unterwegs, manche mit Inlineskatern oder Tret-
rollern. Der Schlossgartenpark gehört zum Grünen U von
Stuttgart. Als Grünes U wird die insgesamt 8 Kilometer lange öffentliche Parkanlage in Stuttgart genannt. Sie reicht von
der Parkanlage Villa Berg über den Schlossgarten, den Leib-
friedschen Garten und den Wartberg bis hinauf zum Killesbergpark. Früher waren die einzelnen Grünflächen nicht
miteinander verbunden. Doch seit 1920 bemühte sich die
Stadt darum, die einzelnen Parks durch Brücken und Stege
miteinander zu verbinden. 1993 erreichte Stuttgart sein Ziel,
eine zusammenhängende Parklandschaft zu schaffen. In diesem Jahr fand die Internationale Gartenbauausstellung in
Stuttgart statt. Das Grüne U wurde zum Aushängeschild der
Ausstellung. Die Parklandschaft wird übrigens wegen seiner
Form das Grüne U genannt. Schaust du auf eine Karte von
Stuttgart, erkennst du schnell, dass sich die Grünfläche wie
ein U durch die Stadt zieht.

*Auf dem
Spielplatz
im Unteren
Schlossgar-
ten gibt es
ein prima
Klettergerüst* **!**

Info

SCHLOSSGARTEN STUTTGART
www.stuttgart-tourist.de/a-schlossgarten-stuttgart

Im Park kannst du viel erleben

Im Schlossgarten warten mehrere Spielplätze, Tischtennis-platten und ein Bolzplatz auf dich. An öffentlichen Grill-stellen brutzelst du Würstchen oder du holst dir ein Eis von einem der Cafés, die sich über die Parkanlage verteilen. Im unteren Schlossgarten schlängelt sich ein Bach durch die Wiesen. Im Eckensee, den du im oberen Schlossgarten fin-dest, schießt eine Wasserfontäne hoch in die Luft. Legst du dich hier auf die Wiese, hast du einen tollen Blick auf Oper, Landtag, Schauspielhaus und die Springbrunnen.

42

Mercedes-Benz Arena, oder: WAS IST EIGENTLICH EIN ZEUGWART?

Auf der Kids-Tour durch die Mercedes-Benz Arena fühlst du dich selbst wie ein Fußballprofi. Erkunde die Mannschaftskabine, werde zum Journalisten oder nimm auf der Spielerbank den Trainerposten ein.

Du stehst in den Katakomben des Stadions. Gerade kommst du aus der Umkleidekabine der Fußballprofis des VfB Stuttgart. Laute Musik ertönt. Es ist die gleiche Einlaufmusik wie bei einem regulären Ligaspiel. Durch einen gläsernen Tunnel schreitest du direkt hinein in die Arena. Vor dir siehst du das Spielfeld, rechts und links ragen die Sitzränge steil nach oben. Auf der Tour durch die Mercedes-Benz Arena fühlst du dich wie ein Fußballstar.

Fritzle, das Krokodil

Ein Guide begleitet dich auf dieser Tour und erzählt dir vieles über die Geschichte des Stadions, des VfB und über die Gewohnheiten der Spieler. Das Stadion steht seit 1933 hier in Bad Cannstatt. Ursprünglich passten 35.000 Menschen hinein und nach einer Erweiterung 1951 sogar 97.500. Heute hat das Stadion 60.449 Plätze. Davon sind 11.225 Plätze Stehplätze. Gemeinsam mit dem Guide läufst du durch das Tor und den Tunnel, durch den die Spieler normalerweise mit dem Bus ins Stadion fahren. Die Tunnelwand ist mit einem Graffito besprüht. Darauf ist das Maskottchen des VfB zu sehen. Es ist ein Krokodil und heißt Fritzle. Benannt ist es nach der Stuttgarter Fußballlegende Fritz Walter. Nächster Halt: die Umkleidekabine der Fußballprofis. Eigentlich sieht es hier recht ähnlich wie in einer normalen Sporthalle aus. Nur einen großen Unterschied gibt es. Jeder Spieler hat seinen ganz eigenen Platz, an dem sein Trikot hängt. Zum Platz gehören auch ein Regal und ein kleiner Schrank. An einem richtigen Spieltag liegen noch Handtücher dort und die Fußballschuhe stehen parat. Mancher Spieler braucht sogar fünf Paar verschiedene Schuhe für ein einziges Spiel. Die Fußballer müssen ihre Sachen nicht selbst packen. Das macht der sogenannte Zeugwart für sie. Er kümmert sich darum, dass die Spieler alles haben, was sie so brauchen. In der Umkleidekabine steht eine Liege, auf der die Spieler vom Physiotherapeuten massiert werden. Und im Bad gibt es ein Sprudelbecken und Eistonnen, damit sich die Spieler nach dem Match regenerieren können.

Nimm deinen Fotoapparat mit auf die Tour !

Die Cannstatter Kurve

Der Guide führt dich nun wieder raus aus der Kabine und weiter in Richtung Presseraum. Bis zu 220 Journalisten passen hier hinein. Vorn auf einem Podest stehen drei Stühle für den Pressesprecher, den Trainer und den gegnerischen Trainer. Im Stadion selbst setzt du dich auf die Trainerbank und genießt den Blick in die Arena. Auf der Tartanbahn rennst du eine Runde um den Platz und dann steigst du die Stufen in die Cannstatter Kurve empor. Hier stehen die VfB-Fans beim Spiel. Gegenüber in der Untertürkheimer Kurve die gegnerischen Fans. Und dann gibt es noch die Haupt- und die Gegentribüne. Oben verteilen sich rund um das Stadion insgesamt 66 Logen. Meist sind diese von großen Firmen angemietet, aber nicht nur. Eine gehört zum Beispiel den Fantastischen Vier. Nur den Rasen darfst du nicht betreten. Der ist sozusagen heilig. Zwei Rasenwärter kümmern sich rund um die Uhr um das Grün. Viele Lampen hängen an den spielfreien Tagen über der Wiese, damit sie genug Licht abbekommt. Am Ende der Tour stellst du dein eigenes Fußballtalent beim Torwandschießen unter Beweis, bevor dich der Guide schlussendlich offiziell mit einer Urkunde zum Mercedes-Benz-Arena-Experten auszeichnet.

VFB STUTTGART 1893 AG

Carl Benz Center
Mercedesstraße 73
70372 Stuttgart

Tel. (07 11) 55 00 76 04
www.mercedes-benz-arena-stuttgart.de

Puste-Fußball

Den Fußballplatz aus dem Stadion kannst du dir ganz einfach nach Hause holen. Bastle dir dazu einfach ein Puste-Fußballfeld.

Material

- 2 DIN-A4-Blätter
- Malstifte
- 2 Strohhalme
- Schere
- etwas Watte

Anleitung

Zeichne dir auf ein DIN-A4-Blatt ein einfaches Fußballfeld mit Mittellinie, Anstoßkreis und den Elfmeterräumen auf und male alles schön an. Lass an der langen Seite des Papiers jeweils 1 Zentimeter Platz. Schneide nun aus dem zweiten DIN-A4-Blatt zwei gleich große Tore aus und befestige sie jeweils am Ende des Blattes. Jetzt klappst du die Ränder an der Seite hoch und schon hast du eine Bande. Forme aus der Watte einen kleinen Ball und lege diesen auf den Anstoßpunkt. Los geht's. Mit dem Strohhalm versuchst du den Ball in das gegnerische Tor zu pusten.

Die Zugvögel – Kanu-Touren & mehr, oder:

WER PADDELTE ALS ERSTES IM STEHEN?

Stand Up Paddling, kurz SUP genannt, ist die neue Wasser-Trendsportart. Auch als absoluter Anfänger hast du den Dreh schnell raus und gleitest bald elegant übers Wasser.

Mit einem Paddel in der Hand stehst du auf einem überdimensional großen Board. Es wackelt unter deinen Füßen und du musst dich zunächst anstrengen, um das Gleichgewicht zu halten. Doch schon bald schiebst du dich mit kräftigen Paddelschlägen nach vorn.

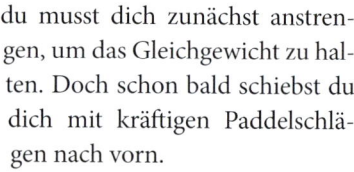

Stand Up Paddling ist seit ein paar Jahren richtig angesagt und ein beliebter Trendsport. Dabei ist der Sport schon ganz schön alt. Tatsächlich waren es wohl polynesische Fischer, die sich als Erstes stehend auf einem Brett mit dem Paddel in der Hand vor Tahiti übers Meer bewegten. In den 60er-Jahren paddelten dann vor allem Surf-Lehrer auf Hawaii im Stehen durch das Wasser. Zum einen kamen sie so vom Strand aus schneller zu den großen Wellen im Meer und zum anderen auch schneller zu ihren Surf-Schülern, wenn diese Hilfe brauchten.

Info

DIE ZUGVÖGEL – KANU-TOUREN & MEHR
Mühlstraße 52
74399 Walheim

Tel. (0 71 43) 8 99 85 16
www.diezugvoegel.de

SUP auf jedem Wasser

Stand Up Paddling kannst du heute eigentlich überall machen. Auf dem See, im Meer oder auf Flüssen in Städten. Die Zugvögel vermieten schon seit 35 Jahren Kanus rund um Stuttgart. Inzwischen haben sie sieben feste Verleihstationen an Enz, Neckar und Rems und über 30 Ein- und Ausstiegsstellen.

Du kannst entweder an einem Grundkurs teilnehmen oder du feierst einfach deinen nächsten Geburtstag auf dem SUP-Board. Nach einer Einweisung an Land geht es eingepackt in eine Schwimmweste mit dem Guide aufs Wasser. Nach ein paar Fahrübungen machst du gemeinsam mit deinen Freunden Spiele auf dem Wasser. Der Geburtstag auf dem Neckar oder der Rems ist eine Rundtour, bei der die Einstiegs- später auch wieder die Ausstiegsstelle ist. Entweder paddelst du auf einem Einzelboard oder gemeinsam mit deinen Freunden auf dem Mega-SUP. Dort passen bis zu 15 Kinder drauf.

Du kannst auch im Knien paddeln

44 Sprungbude, oder: WARUM SPÜRST DU AUF DEM TRAMPOLIN DIE SCHWERELOSIGKEIT?

Du wolltest schon immer mal einen Slam Dunk wie ein Profi-Basketballer oder einen Base Jump machen? Dann hüpf aufs Trampolin und versenke deinen Ball wie Michael Jordan in den Korb oder lass dich hinab ins Luftkissen fallen.

Tief in die Knie geht das Mädchen auf dem Trampolin. Sie holt Schwung, hüpft einmal, zweimal, dreimal hoch in die Luft. Dann springt sie ab. Jeder Muskel in ihrem Körper ist angespannt, sie nimmt ihren Kopf nach vorn zwischen die Knie und schlägt einen doppelten Vorwärtssalto, bevor sie auf dem Luftkissen landet. Das kannst du nicht? Mit etwas Übung schaffst du das auf dem Trampolin auch!

Schwerelos wie ein Astronaut

Die Sprungbude in Bad Cannstatt ist riesig. Über 80 Trampoline verteilen sich in der Halle, die in verschiedene Sektoren aufgeteilt ist. Im Free Jump hüpfst du, wie es dir gefällt. Mal lässt du dich auf deinen Bauch, mal auf deinen Po fallen und mal machst du einen akrobatischen Überschlag in der Luft. Weiter geht es zum Base Jump. Hier brauchst du etwas Mut, um dich von der Empore hinab ins Luftkissen fallen zu lassen. Dein Sprung- und Balltalent testest du im Slam Dunk aus. Zwei Basketballkörbe hängen dort in zwei unterschiedlichen Höhen über dem Trampolin. Du musst richtig in die Federn des Trampolins springen, um dich wie ein Profi der nordamerikanischen Basketball-Profiliga, der NBA, nach oben zu katapultieren und den Ball ins Netz zu dunken. Auf dem Weg vom Trampolin bis hin zum Korb fühlst du dich, als ob du fliegen kannst. Und tatsächlich tust du das auch irgendwie. Denn dein Körper ist für einen kurzen Moment schwerelos. So wie der Körper eines Astronauten im Weltall. Schwerelos bist du immer, wenn dein Körper unter dem Einfluss der Schwerkraft frei fällt. Demnach müsste es also eigentlich bereits ausreichen, in die Luft zu springen, um schwerelos zu sein. Das tut es auch. Allerdings ist die Dauer der Schwerelosigkeit bei einem normalen Luftsprung zu kurz, um sie zu spüren. Durch das Trampolin wird dein Sprung höher und dauert länger an. Jetzt spürst du die Schwerelosigkeit.

Am besten spürst du diese Schwerelosigkeit in der Sprungbude beim Bungee Jump. Dort kannst du bis zu 8 Meter hoch

Wissenschaftlich erwiesen: Springen macht glücklich!

springen. Zuerst legst du dir eine Art Klettergurt an und dann geht's ab aufs Trampolin. Zwei Gummiseile fangen dich immer wieder auf.

Weiter geht's zum Dodgeball, hier ist Teamgeist gefragt. Dodgeball ist wie Völkerball im 3-D-Modus. Gemeinsam mit deinen Freunden ziehst du in die Schlacht und zeigst dem gegnerischen Team, wie treffsicher und akrobatisch du bist. Die Regeln sind ganz einfach.

Jetzt ist Teamgeist gefragt

Ziel des Dodgeballs ist es, die gegnerische Mannschaft auszuschalten. Zur Startaufstellung begeben sich die Spieler an das Ende der Trampoline. Die Bälle bleiben in der Mitte. Mit Pfiff des Schiedsrichters geht's los. Jetzt muss dein Team so viele Bälle wie möglich erwischen und die Spieler vom anderen Team abwerfen. Jeder Spieler besitzt insgesamt drei Leben. Wer dreimal getroffen wurde, muss raus. Es gelten nur direkte Treffer. Treffer wehrst du ab, indem du den geworfenen Ball fängst oder ihn mit einem anderen Ball abwehrst.

Probiere es aus. Es macht riesigen Spaß, verursacht aber auch einen ziemlichen Muskelkater.

SPRUNGBUDE BAD CANNSTATT
Ziegelbrenner Straße 17
70374 Stuttgart

Tel. (07 11) 90 79 32 10
www.sprungbude.de

Wasser im freien Fall

Auf dem Trampolin fühlst du dich schwerelos. Und tatsächlich kannst du selbst durch das Hüpfen oder andere Experimente für kurze Zeit auf der Erde Schwerelosigkeit erzeugen. Im folgenden Versuch machst du Wasser schwerelos. Dazu brauchst du nur einen Pappbecher und ein bisschen Wasser.

Zuerst stichst du in den Boden des Pappbechers zwei kleine Löcher. Jetzt hältst du mit deinen Fingern die Löcher zu und füllst Wasser in den Becher. Nimmst du die Finger weg, läuft das Wasser raus. Lässt du den Becher aber von weiter oben hinunterfallen, dann bleibt das Wasser im Becher. Wie kommt das? Auf Gegenstände, die auf die Erde fallen, wirkt keine Schwerkraft und deshalb fällt alles gleich schnell. Das Wasser und der Becher fallen also mit der gleichen Geschwindigkeit. Damit das Wasser aus den Löchern fließt, müsste es also schneller als der Becher werden. Das geht aber natürlich nicht und so bleibt das Wasser drin, bis der Becher auf dem Boden aufkommt. Damit das Experiment klappt, musst du den Becher mindestens aus deiner Kopfhöhe fallen lassen. Besser noch, du steigst auf ein kleines Podest und lässt von dort aus den Becher nach unten sausen.

Auch Astronauten trainieren mit dem Trick des freien Falls für ihren Aufenthalt im Weltall. Ein Pilot fliegt die Astronauten mit dem Flugzeug weit in den Himmel hinauf. Dort schaltet der die Getriebe des Flugzeugs ab und die Maschine stürzt für eine kurze Zeit im freien Fall in Richtung Erde. Weil nun wieder keine Schwerkraft wirkt, fallen die Astronauten und die Maschine gleich schnell und sie fühlen sich absolut schwerelos.

EXPERIMENT

45

Stadtstrand Stuttgart, oder:
WARUM DARF MAN IN STUTTGART IM NECKAR NICHT BADEN?

Fast wie am Meer fühlst du dich am Stuttgarter Stadtstrand hoch auf dem Neckarufer. Hier isst du Eis, legst dich in den Liegestuhl zurück, spielst eine Runde Beach-Volleyball und fühlst dich wie im Urlaub am Meer.

Auf dem hohen Neckarufer gegenüber der Wilhelma thront der Stadtstrand. Dort stehen überall Liegestühle herum. Kinder laufen barfuß durch den Sand. Auf insgesamt drei Dünen lassen sich die Leute die Sonne ins Gesicht scheinen. Während die einen Sandburgen bauen, spielst du eine Runde Volleyball auf dem Beachfeld oder turnst auf dem Spielplatz. Der Stadtstrand in Bad Cannstatt erinnert dich vielleicht an die Strände aus dem letzten Sommerurlaub. Leider gibt es in Stuttgart kein Meer. Dafür aber den Neckar.

Den Neckar kennenlernen

Vom Stadtstrand aus siehst du direkt hinunter auf den Fluss. Ab und an tuckern Boote vorbei, manchmal schiebt sich auch ein Ruderboot mit kräftigen Paddelschlägen durch das Wasser. Wenn du leise bist, hörst du den Neckar sogar leise vor sich hin plätschern. Viele kennen den Fluss aber gar nicht so richtig. Das liegt unter anderem daran, dass er nicht direkt durch die Innenstadt fließt. Von Esslingen aus schlängelt er sich durch die sogenannten Neckarvororte von Stuttgart: Hedelfingen, Wangen, Ober- und Untertürkheim gehören dazu. Weiter fließt er in Richtung Bad Cannstatt, dann nach Remseck und dort verlässt er Stuttgarts Stadtgrenzen in Richtung

STADTSTRAND STUTTGART
Neckarufer in Bad Cannstatt   Tel. (07 11) 2 26 07 82
gegenüber der Wilhelma   www.stadtstrand.com

Ludwigsburg. Die Ufer vom Neckar sind nicht richtig zugänglich, weil sich dort viel Industrie angesiedelt hat. Diese Firmen nutzen den Fluss, um ihre Güter per Schiff zu transportieren. Der Schiffsverkehr und die starke Strömung sind auch der Grund, warum man in Stuttgart nicht im Neckar baden darf. Es ist einfach zu gefährlich. Das macht aber nichts. Wenn es dir am Stadtstrand zu warm wird, springst du einfach kurz unter die Dusche.

Am besten gelangst du mit dem Fahrrad zum Stadtstrand

Weinberge, oder:
WO IN STUTTGART LIEGT EINE KÖNIGSFAMILIE BEGRABEN?

Die Stadt zwischen Wald und Reben wird Stuttgart oft genannt. Und tatsächlich ist der Weinbau in keiner anderen Großstadt so präsent wie hier. Schon direkt neben dem Hauptbahnhof erspähst du die ersten Weinberge.

Ist dir schon einmal aufgefallen, dass du von jedem Aussichtspunkt in Stuttgart immer entweder einen Wald oder Weinberge entdeckst? Nun, Stuttgart ist für seine Weinberge und somit natürlich auch für seinen Wein berühmt. Deswegen verwundert der Ausblick nicht. Doch warum baut man in Stuttgart gerade Wein und nicht etwa Hopfen an?

Wahrscheinlich waren es bereits die Römer, die die ersten Weinreben in die Region brachten. Auch die Bodenbeschaffenheit hat etwas damit zu tun. Die Böden waren früher nämlich eher karg und eigneten sich wohl nicht sonderlich gut für den Anbau anderer Lebensmittel.

Unterwegs in den Weinbergen

Heute führen viele sogenannte Weinwanderwege durch die Reben. Einer der schönsten Wege führt dich von Obertürkheim zunächst hinauf nach Uhlbach. Dort befindet sich das Weinbaumuseum. Viel interessanter findest du aber sicherlich die nächste Station, die berühmte Grabkapelle auf dem Württemberg. Das runde Gebäude mit grünem Dach ließ einst König Wilhelm I. für seine verstorbene Frau Königin Katharina bauen. In der Kapelle liegen heute der König selbst, seine Frau und seine beiden Töchter begraben. Von der Kapelle aus hast du einen fantastischen Blick hinab aufs Stadion, den Cannstatter Wasen, das Mercedes-Benz Museum und den Neckar. Weiter führt dich der Weg durch die Weinberge wieder hinab

Nach der Wanderung durch die Weinberge in einer Besenwirtschaft essen gehen

nach Untertürkheim. Auf dem Weg dorthin fällt dir manchmal vielleicht ein Besen auf, der waagrecht über einer Haustür hängt. Dann stehst du vor einer Besenwirtschaft. Das sind kleine Lokale, die nur an insgesamt 40 Tagen im Jahr öffnen und nur den eigenen Wein ausschenken und kleine Speisen verkaufen dürfen. Oft gibt es in solchen Wirtschaften leckeres Essen wie Maultaschen, Sauerkraut oder Süßes wie Dampfnudeln oder Apfelküchle.

46 Aktivspielplätze und Jugendfarmen, oder: WO KANNST DU DEINEN EIGENEN SPIELPLATZ BAUEN?

Von wegen Stadtkinder sitzen nur vor dem Computer und spielen nie an der frischen Luft. Auf Aktivspielplätzen und Jugendfarmen findest du ein Stück Natur mitten in der City.

Eine Hütte bauen, fotografieren, backen, Gemüse ernten, Taschen nähen, jonglieren, kicken, Tiere füttern. Das alles und noch viel mehr erlebst du auf den pädagogisch betreuten Aktivspielplätzen und Jugendfarmen in Stuttgart. Dir als Großstadtkind wird vielleicht oft gesagt, dass du nicht auf Bäume klettern kannst oder dass du nicht weißt, wie man Feuer macht. Das ist natürlich totaler Quatsch. Auch in der Stadt gibt es viele Plätze, an denen du der Natur nahe bist. Zu diesen Plätzen zählen ganz eindeutig die Aktivspielplätze und Jugendfarmen. Sie alle haben ein unterschiedliches Freizeitangebot. Während auf dem Aktivspielplatz Raitelsberg in Stuttgart Ost unter anderem Pfer- de und Kaninchen wohnen, leben auf der Robinson Jugendfarm in Botnang auch Meerschweinchen, Enten und Ziegen. Esel und Ponys gibt es in Birkach und Schafe in Wangen.

BUND DER JUGENDFARMEN UND AKTIVSPIELPLÄTZE E. V.
Balingen Straße 15
70567 Stuttgart

Tel. (07 11) 6 87 23 02
www.bdja.org

Gestalte deinen Spielplatz selbst mit

In der einen Einrichtung nimmst du an einem Nähkurs teil, in der anderen lernst du eine Hütte aus Ästen zu bauen. Schau einfach mal die unterschiedlichen Homepages an und überlege dir, was du am liebsten machen willst. In den Ferien bieten die Spielplätze und Jugendfarmen oft eine Ferienbetreuung an. Im Vergleich zu normalen Spielplätzen mit Sandkasten, Rutsche, Schaukel und Klettergerüst hast du auf den Aktivspielplätzen die Möglichkeit, deinen Spielplatz selbst mitzugestalten. Deshalb auch der Name. Die erste Jugendfarm in Deutschland entstand übrigens 1962 in Stuttgart-Kaltental – die Jugendfarm Elsental. Es war Thyra Boehm, die diese Farm gründete. Noch heute ist das Elsental das Zuhause von Pferden, Eseln, Schafen, Ziegen, Hühnern, Kaninchen, Hunden und Katzen.

Jugendfarmen und Aktivspielplätze gibt es in fast jedem Stadtteil

47

FITZ! – Zentrum für Figurentheater in Stuttgart, oder: WIE WIRD MAN EIN PUPPENSPIELER?

Figuren, Puppen, Musik, Licht und Schatten erobern die Theaterbühne und bringen dich zum Staunen. Im Zentrum für Figurentheater in Stuttgart führen Puppenspieler aus ganz Deutschland für dich die unterschiedlichsten Theaterstücke auf.

Du sitzt auf einem Polster vor der Theaterbühne. Vor deiner Nase reitet ein Pferd vorbei, in einer Ecke rekelt sich ein Löwe gemächlich auf dem Boden. Es sind keine echten Tiere. Es sind sehr große Handpuppen, die dir gerade eine Geschichte erzählen. Dazu wird Musik gespielt. Doch woher kommt diese? Ein Mann sitzt etwas abseits der Bühne außerhalb des Scheinwerferlichts. Konzentriert bläst er mal in seine Mundharmonika, erzeugt einen Trommelwirbel oder spielt ein kleines Xylophon. Das FITZ ist ein Ort, an dem Puppenspieler seit über 30 Jahren jährlich bis zu 40 unterschiedliche Theaterstücke für Erwachsene und Kinder in etwa 280 Vorstellungen zeigen.

Partner der Puppen

Das FITZ selbst erfindet und inszeniert jedoch keine eigenen Stücke. Es ist vielmehr ein Ort, an dem sich verschiedene Theaterensembles aus ganz Deutschland präsentieren. Puppenspieler zu werden, ist gar nicht einfach. Nur in Berlin und Stuttgart kannst du eine staatlich geregelte Ausbildung zum Puppenspieler machen. Die Ausbildung dauert etwa 3 bis 4 Jahre und du lernst alles über Atem- und Stimmbildung,

Info

FITZ! ZENTRUM FÜR FIGURENTHEATER
Eberhardstraße 61   Tel. (07 11) 24 15 41
70173 Stuttgart   www.fitz-stuttgart.de

Körpertraining, Materialkunde, Bühnenbild, Dramaturgie und bildnerisches Gestalten.

Vielleicht denkst du bei dem Wort Figurentheater an ein Marionetten- oder Kasperletheater. Doch Figurentheater ist vielfältig. Mal wird mit Puppen gespielt, mal einfach nur mit Alltagsobjekten wie mit einem Eimer oder einem Stuhl. Früher war der Puppenspieler selbst gar nicht auf der Bühne zu sehen. Heute ist das anders. Im modernen Figurentheater ist der Puppenspieler manchmal der Partner der Figur und führt auf der Bühne ein Gespräch mit der Puppe oder dem Zuschauer.

Auf Anfrage kannst du hinter die Kulisse schauen !

48

WO WIRST DU SELBST ZUM THEATERREGISSEUR?

In den Spielclubs des Jungen Ensembles in Stuttgart eroberst du selbst die Theaterbühne, denkst dir Stücke aus und überlegst dir, wie man sie am besten inszeniert. Oder du besuchst ein Theaterstück der professionellen Schauspieler des Jungen Ensembles.

Wenn du im Degerlocher Wald unterwegs bist, kann es durchaus passieren, dass du auf einmal auf eine Gruppe von Kindern triffst, die Kostüme tragen und Theater spielen. Sie gehören zu einem der Spielclubs des Jungen Ensembles von Stuttgart. Was das ist, fragst du dich? In den Spielclubs erfindest du zusammen mit Theaterpädagogen und anderen Kindern, manchmal aber auch mit anderen Erwachsenen, Theaterstücke. Gemeinsam verteilt ihr die Rollen, probt das Stück und improvisiert. Ihr erschafft ein Bühnenbild und überlegt euch, welche Requisiten ihr für das Stück braucht. Ein Requisit kann eine Vase sein, aber auch eine Lampe, ein Buch oder vieles mehr. Ein Requisit ist ein bisschen wie ein Modeaccessoire. Eigentlich brauchst du nicht zwingend ein Armband oder einen Hut, um aus dem Haus zu gehen. Aber diese Accessoires peppen dein Outfit auf und machen es vielleicht auch interessanter. Genauso

Info

JUNGES ENSEMBLE STUTTGART
Eberhardstraße 61 a   Tel. (07 11) 21 84 80-0
70173 Stuttgart   www.jes-stuttgart.de

machen es Requisiten mit dem Bühnenbild auf der Theaterbühne. Sie gestalten es aus. Übrigens muss man Theater nicht immer auf einer klassischen Bühne spielen. Im Falle des Waldclubs in Degerloch ist der Wald die Theaterbühne.

Zuschauer oder Theaterspieler

Außer dem Waldclub gibt es noch viele andere Spielclubs. Wenn du in einem dieser Clubs mitmachen willst, darfst du zunächst zweimal zum Schnuppern kommen, bevor du dich verbindlich anmeldest. Zusätzlich zu den Club-Aufführungen bringt auch das professionelle Schauspielerteam vom Jungen Ensemble fünf bis sechs neue Stücke pro Spielzeit auf die Bühne.

Die theaterpädagogische Abteilung bietet zu den Clubs auch Vor- und Nachbesprechungen und Workshops an

49

Buchstäbchen Stuttgart, oder:
WIE WIRST DU ZUM BUCHKRITIKER?

In einem kleinen Buchladen im Stuttgarter Westen tauchst du ab in die Welt der Kinderbücher. Hier findest du Klassiker und ausgefallene Bücher, liest zusammen mit anderen Kindern, lauschst Märchen oder machst Kinderyoga.

Überall in dem kleinen Ladengeschäft wuselt es von Kindern. Eines sitzt in der Ecke und schaut sich ein Kinderbuch an, ein anderes hält ein Quartett in den Händen. Von der Decke hängen viele Lampen, Bilder zieren die Wände. Im ganzen Raum stehen Bücher, dazwischen Spielzeug, Postkarten, Papier und Deko für dein Kinderzimmer. Der Kinderbuchladen Buchstäbchen ist besonders. Obwohl er recht klein ist, findest du in diesem Laden neben Klassikern wie die „Kinder aus Bullerbü" von Astrid Lindgren oder „Die kleine Hexe" von Otfried Preußler auch ganz seltene Bücher von nicht so berühmten Autoren. Es gibt Bücher, die ganz aus Naturpapier sind, und es gibt Bücher in englischer und französischer Sprache.

Allerlei Raritäten

Doch die Bücher und Spiele allein machen den Laden nicht besonders. Im Buchstäbchen finden allerlei Veranstaltungen und Workshops statt. Zum Beispiel die „Buchstäbchenfreunde". Das ist ein Lesetreff für Kinder zwischen 8 und 12 Jahren. Einmal im Monat triffst du dich im Laden mit anderen Kindern und quatschst mit ihnen über dein gerade gelesenes Buch. Ihr erzählt euch also gegenseitig von euren Lieblingsbüchern. Der Laden stellt dir dafür neue Bücher zur Verfü-

Info

BUCHSTÄBCHEN
Schwabstraße 48
70197 Stuttgart

Tel. (07 11) 62 09 63 00
www.buchstaebchen-stuttgart.de

gung. Vielleicht magst du auch eine Rezension über das Buch schreiben, die dann auf der Website des Ladens erscheint. Eine Buch-Rezension ist ein Text, in dem du als Leser des Buchs andere über den Inhalt informierst und auch persönlich erzählst, was du an dem Buch magst oder nicht magst. Wer weiß, vielleicht wirst du später mal ein berühmter Buchkritiker.

Es finden aber noch viel mehr Veranstaltungen im Buchstäbchen statt. Von der Märchenstunde über Schmuckbasteln, Fotoworkshops und Kinderyoga ist alles dabei.

Schau dir den Veranstaltungskalender des Ladens an !

50

Märchengarten Ludwigsburg, oder:

WAS GENAU IST EIGENTLICH EIN MÄRCHEN?

Ein Garten voller Märchenfiguren wartet in Ludwigsburg auf dich. Dort besuchst du Rapunzel, fährst mit dem Boot beim Tapferen Schneiderlein vorbei und wirst selbst zum Seerosenkönig.

Jedes Kind kennt Märchen. Du sicherlich auch. Es gibt das Märchen vom Wolf und den sieben jungen Geißlein, das Märchen vom Froschkönig und das Märchen von Hänsel und Gretel. Aber was unterscheidet eigentlich ein Märchen von einer normalen Geschichte? Damit eine Geschichte zum Märchen wird, muss die Geschichte gewisse Dinge erfüllen. Ein Märchen spielt immer in einer Fantasiewelt und es passiert auch immer etwas Übernatürliches. Es gibt sogar Fabelwesen wie Feen oder Kobolde. So verwandelt sich beim Froschkönig der Frosch durch einen Kuss in einen Prinzen, Pinocchio wächst auf einmal die Nase ewig lang und die besten Freunde von Schneewittchen sind sieben Zwerge. Wann und wer ge-

Info

MÄRCHENGARTEN
Blühendes Barock
Mömpelgardstraße 28

71640 Ludwigsburg
Tel. (0 71 41) 97 56 50

nau das erste Märchen erfunden hat, weiß man leider nicht genau. Die Geschichten aus Tausendundeiner Nacht sind auf jeden Fall schon weit über tausend Jahre alt. Und anfangs waren die Märchen auch gar nicht für Kinder geschrieben.

Das Gute gewinnt immer

Mit den Märchen wollten die Geschichtenschreiber den Menschen klarmachen, was gut und was böse ist. Denn wenn du genau überlegst, fällt dir sicherlich auf, dass im Märchen das Gute immer gewinnt und das Böse bestraft wird. Die Idee, einen Märchengarten zu bauen, hatte 1957 ein Mann namens Albert Schöchle. Heute entdeckst du im Märchengarten 40 Szenen aus den Abenteuern verschiedener Helden. Max und Moritz sind hier genauso wie Rapunzel und der Riese Goliath zu Hause.

Der Märchengarten befindet sich im Blühenden Barock in Ludwigsburg. So werden die Gärten rund um das Residenzschloss in Ludwigsburg genannt.

Drehe eine Runde mit der Lok durch den Märchengarten **!**

Cannstatter Volksfest, oder:
WAS IST EINE FRUCHTSÄULE?

Das Stuttgarter Volksfest hat eine lange Tradition und ist Europas größtes Schaustellerfest. Kein anderes Fest hat mehr Fahrgeschäfte und Buden. Das wird also ein richtig großer Spaß!

Von Weitem siehst du das Riesenrad blinken. In der Achterbahn kreischst du laut auf und im Boxauto gibst du kräftig Gas. Überall gibt es Zuckerwatte, gebrannte Mandeln, Würste oder Schokofrüchte zu kaufen. Über 270 Fahrgeschäfte, Buden und Bierzelte stehen während des Volksfestes auf dem Cannstatter Wasen. Und damit ist das Cannstatter Volksfest das größte Schaustellerfest in ganz Europa. Schon seit über 170 Jahren findet es jedes Jahr im Herbst statt. 1818 sah das Fest noch ganz anders aus. Damals war der Wasen eine große Flussaue, die zwischen Wiesen, Weinbergen und dem Neckar lag. Das Stadion, die Schleyer-Halle und das Mercedes-Benz Museum gab es damals noch nicht.

Das Wahrzeichen ist die Fruchtsäule

König Wilhelm I. und seine Frau Katharina veranstalteten das erste Volksfest. Es war ein landwirtschaftliches Fest mit Pferderennen. In der Mitte des Geländes wurden Tiere und landwirtschaftliche Arbeitsgeräte ausgestellt. Nur am Rand des Festes standen ein paar Essensstände und Buden. Noch heute gibt es Ähnlichkeiten zu damals. Alle 4 Jahre findet nämlich das Landwirtschaftliche Hauptfest zusammen mit dem Volksfest statt. 700 Aussteller präsentieren dann den Besuchern ihre Tiere und Traktoren. Auch den traditionellen Volksfestumzug gibt es heute noch. Immer am ersten

CANNSTATTER VOLKSFEST
www.cannstatter-volksfest.de

Sonntag des Volksfestes fahren große Brauereigespanne begleitet von Trachten- und Musikvereinen durch die Straßen von Bad Cannstatt. Auch Schwäbisch-Hällische Landschweine und Ziegen trotten durch die Straßen und schnüffeln an deinen Beinen. Das Wahrzeichen des Volksfestes war und ist schon immer die Fruchtsäule. Bereits das erste Volksfest hatte eine solche Säule. Heute ist sie mit Gemüse, Getreide und Früchten geschmückt. Die Säule ist 26 Meter hoch und steht auf einem Sockel mitten auf dem Festgelände. Als Symbol soll die Fruchtsäule an den Ursprung des Festes erinnern: den Erntedank.

Mittwochs ist Familientag!

51

Neckar-Käpt'n, oder: WIE FUNKTIONIERT EINE SCHLEUSE?

Während der Fahrt mit einem Schiff vom Necker Käpt'n erkundest du Stuttgart vom Wasser aus. Gemütlich tuckerst du an Naturschutzgebieten vorbei oder fährst mitten hinein in den Hafen. Komm an Bord und werde zum Matrosen!

Ein Frachtkahn zieht an dir vorbei. Er ist beladen mit Containern und auf direktem Weg hinein in den Stuttgarter Hafen. Vom Deck des Neckar Käpt'n erspähst du schon von Weitem die großen Kräne des Hafens zwischen Wangen, Hedelfingen, Ober- und Untertürkheim. Diese Kräne verladen Container von den Schiffen auf Züge und andersherum. Besser als vom Schiff aus kannst du den Stuttgarter Hafen nicht erkunden. Wenn du dich aber mehr für Tiere und Pflanzen interessierst, buchst du eine Schifffahrt in Richtung Ludwigsburg und erkundest dort das Naturschutzgebiet.

Los geht es an der Anlegestelle an der Wilhelma. Über einen Steg läufst du aufs Boot, von wo aus du auch beobachten kannst, wie die Schiffscrew die Leinen löst. Langsam setzt sich das Schiff in Bewegung. Hoffentlich hast du dein Fernrohr eingepackt. Schaust du durch das Rohr, entdeckst du viele Pflanzen und Tiere am Ufer. Vielleicht ist ein Graureiher oder eine Schwanengans dabei. Am spannendsten findest du aber sicherlich die Schleusen im Neckar. Schleusen sind im Prinzip Aufzüge für Schiffe. Sie befördern die Boote nach oben oder unten. Stellst du dir vielleicht jetzt die Frage, warum Schiffe auf dem Fluss überhaupt angehoben oder abgesenkt werden müssen?

In den Hafen oder in das Naturschutz-gebiet

Damit große Schiffe auf dem Neckar fahren können, musste der Fluss begradigt und ausgebaggert werden. Damit startete Stuttgart in den 20er-Jahren. Damals begann die Stadt den Neckar mit Staustufen zur Großschifffahrtsstraße auszubauen. Damit man größere Unebenheiten oder Stufen ausgleichen konnte, wurden Schleusen gebaut. In diesen Schleusen werden Schiffe nach oben und unten befördert. Je nachdem, in welche Richtung das Schiff nun unterwegs ist, muss das Wasser aus der Kammer gepumpt werden oder sie wird mit Wasser gefüllt. Das steigende Wasser hebt ein großes Schiff so an, dass es auf einer höheren Stufe im Fluss weiterfahren kann. Lässt man das Wasser ab, fährt das Schiff weiter unten wieder aus der Schleuse raus. Wenn du auf die Schleuse zufährst, hast du das Gefühl, dass das Schiff dort niemals reinpassen wird. Aber es passt, trotzdem wird es richtig eng in der Schleusenkammer.

Vom Wasser aus kannst du den Hafen am besten kennenlernen

147

Für Fische, die im Fluss leben, sind Schleusen nicht so toll. Sogenannte Wanderfische kehren, um ihren Laich abzulegen, dorthin zurück, wo sie selbst geboren wurden, und müssen dazu oft flussaufwärts schwimmen. Durch die Schleusen werden sie daran aber gehindert. Zu diesen Wanderfischen gehören zum Beispiel Lachse, Aale und Maifische. Und tatsächlich gab es all diese Fische früher im Neckar. Das Naturschutzgebiet Zugwiesen in Ludwigsburg hat sich deshalb etwas Besonderes einfallen lassen, damit die Fische trotz Schleusen wieder flussaufwärts schwimmen können. Sie haben einen kleinen Kanal gebaut, sodass die Fische an der Schleuse vorbeischwimmen können. Dieser Kanal wird auch Fischtreppe genannt.

Der Neckar Käpt'n hat mehrere Boote in Betrieb. Die MS Wilhelma sieht aus wie ein Boot aus den 60er-Jahren, die MS Bad Cannstatt ist ein kleineres Schiff und dann gibt es noch ein Partyfloß. Neben den Standardtouren kannst du auch an verschiedenen Erlebnisfahrten teilnehmen. Bei der Naturerlebnisfahrt Zugwiesen wirst du an der Anlegestelle Poppenweiler von deinem Guide abgeholt. Dieser führt dich durch das Naturschutzgebiet, erzählt dir vieles über die Tiere und Pflanzen dort und bringt dich am Mittag wieder zurück aufs Schiff.

NECKAR-PERSONEN-SCHIFFAHRT
Berta Epple GmbH + Co. KG
Anlegestelle Wilhelma
70376 Stuttgart

Tel. (07 11) 54 99 70 60
www.neckar-kaeptn.de

Vier wichtige Schiffsknoten

Wenn du selbst mal zur See fahren willst, musst du viele Schiffsknoten beherrschen. Hier schon mal vier Varianten für dich zum Üben.

Den **Achtknoten** macht man gern an das Ende einer Leine, um sie besser festhalten zu können.

Der **Kreuzknoten** wird verwendet, um zwei gleich dicke Leinen miteinander zu verbinden.

Der **Palstek** ist der wichtigste Knoten an Bord. Mit ihm bekommst du eine Schlinge, die sich nicht zuzieht.

Mit dem **Mastwurf,** auch Webeleinstek genannt, wird das Seil an einem Pfahl befestigt.

BASTELSPASS

52

Autokino Kornwestheim, oder:
WIE KOMMT DER FILMTON IN DAS AUTO?

Ein Ausflug mit der Familie nach Kornwestheim! Hier wird euer Auto zu einem eigenen Kinosaal. Denn hier befindet sich eines der wenigen Autokinos in ganz Deutschland.

Es gibt zwei Leinwände, auf denen der Film gezeigt wird und die hoch in der Luft hängen: eine 36 Meter breit und 15 Meter hoch, die andere 24 Meter breit und 10 Meter hoch. Davor stehen viele Autos und es kommen immer mehr hinzu. Auch du fährst gerade mit deiner Familie mit dem Auto auf den Platz und suchst dir einen der rund 1000 Parkplätze aus. Autokinos gibt es in Deutschland nur sehr wenige. Die Idee dazu stammt aus Amerika. Das weltweit erste Autokino eröffnete 1933 der Besitzer einer Firma für Autopflegemittel in New Jersey.

Das ganze Jahr geöffnet

Damals wurde der Film noch nicht auf eine Leinwand, sondern auf eine weiß gestrichene Steinmauer projiziert. Der Ton des Films wurde über drei große Lautsprecher ausgestrahlt. Das Problem daran war, dass nicht nur die Besucher des Autokinos den Film hörten, sondern auch die Anwohner rund um das Areal. Diese legten Beschwerde ein und das Autokino wurde schon bald geschlossen. Um das Problem zu umgehen, hängte man in neuen Autokinos an jedes Auto einen kleinen Lautsprecher. So konnten die Besucher den Ton gut verstehen und die Anwohner wurden nicht belästigt.

Info

DRIVE IN AUTOKINO STUTTGART KORNWESTHEIM
Tambourstraße 1
70806 Kornwestheim

Tel. (0 81 51) 9 03 40
www.autokino-kornwestheim.de

Heute empfängst du den Ton im Autokino direkt über dein Autoradio. Gib in deinem Radio die richtige Frequenz ein, und schon kommt der Filmton direkt zu dir ins Auto. Das erste Autokino in Deutschland eröffnete übrigens 1960 in Gravenbruch bei Frankfurt und das gibt es noch heute. 9 Jahre später feierte das Autokino in Kornwestheim Prämiere und nun gehört es zu einem der rund 20 Autokinos in ganz Deutschland.

Oft findet sonntags Familien-kino statt !

53

WAS HAT EIN TRÖDELMARKT MIT FLÖHEN ZU TUN?

Jeden Samstag findet auf dem Karlsplatz in Stuttgart der Flohmarkt statt. Stöbere durch die Stände und entdecke Puppenkleider, Bücher oder ein Spielzeug für dein Kinderzimmer.

Spielzeugautos liegen in einer Kiste, daneben stehen Überraschungsei-Figuren und eine Ecke weiter findest du genau den Comic, der dir noch in deiner Sammlung fehlt. Der Flohmarkt auf dem Karlsplatz zieht jede Woche Hunderte von Raritätenjägern und Sammlern an. Seit mehr als 30 Jahren stellen auf diesem Flohmarkt über 120 Händler aus der ganzen Welt ihre Ware aus. Willst du ein richtiger Flohmarktexperte werden, musst du dir alle Stände ganz in Ruhe anschauen. Oft steht in der hintersten Ecke genau das Buch, das du schon seit ewigen Zeiten suchst. Lass dir Zeit, stöbere durch die Kisten, probiere Kleider an und frage die Flohmarkthändler ein wenig aus. Manche Spielsachen haben bereits eine lange Reise hinter sich. Vielleicht gehörten sie mal einem Kind aus Italien oder sie wurden von einem Opa von irgendwo auf der Welt selbst gebastelt.

Zweimal im Jahr verteilt sich der Flohmarkt über die ganze Innenstadt **!**

Flohmarkt aus Frankreich

Aber warum heißt der Flohmarkt eigentlich Flohmarkt? Ende des 18. Jahrhunderts gab es in Paris viele arme Menschen, die sich keine neue Kleidung leisten konnten. Sie kauften auf Märkten bereits getragene und meist ungewaschene Kleidung ein. Manchmal waren die Sachen so schmutzig,

Info

STUTTGARTER FLOHMÄRKTE

Karlsplatz
70173 Stuttgart

www.flohmarkt-karlsplatz.de

dass sogar Flöhe auf ihnen lebten. Eine zusätzliche Erklärung besagt, dass nicht nur die Kleidung, sondern auch die Menschen selbst schmutzig waren und die Flöhe beim Verkaufsgespräch vom einen zum anderen hüpften. Daher kommt der Spitzname „Marché aux puces", was auf Deutsch so viel wie „Markt mit Flöhen", also Flohmarkt heißt. Heute ist das zum Glück anders. Dank Waschmaschinen und Duschen brauchst du keine Angst zu haben, Flöhe auf dem Flohmarkt einzukaufen.

54

Spielhaus Unterer Schlossgarten, oder: WAS IST EIGENTLICH TON?

Mitten im Stadtpark befindet sich ein kleines Haus – das Spielhaus. Dort kannst du werkeln und kreativ sein, einfach abhängen oder lesen.

Direkt neben dem großen Spielplatz im Unteren Schlossgarten steht das Spielhaus. Es hat rote Fenster und vor der Eingangstür steht ein Regal voller Bücher. Dieses Regal ist eine Art Tauschbörse. Du stellst ein von dir gelesenes Buch hinein und darfst dir dafür ein anderes Buch aussuchen und mit nach Hause nehmen.

Das Spielhaus ist ein guter Treffpunkt für dich und deine Freunde. Hier könnt ihr euch ausruhen oder über den Niedrigseilgarten im Außenbereich klettern oder handwerklich aktiv werden. In der Holzwerkstatt sägst, hobelst und schmirgelst du. Immer mittwochs und freitags hat die Werkstatt ab 13 Uhr geöffnet – und in den Ferien sogar schon ab 11 Uhr. Vielleicht entsteht aus deiner künstlerischen Ader ein eigenes Wurfspiel oder ein besonderes Holzrennauto.

Kreatives Werkeln

Ebenfalls handwerkliches Geschick brauchst du beim Arbeiten mit Ton. Bestimmt hast du auch schon mal mit Ton gearbeitet und weißt, wie sich die weiche erdige Masse anfühlt. Aus Ton formst du allerlei Formen, Figuren und Gefäße und brennst sie anschließend im Ofen aus. So wird der Ton hart und zu Keramik. Ton ist ein Material, das in unserer Erdkruste vorkommt. Diese besteht aus ganz unterschiedlichen

SPIELHAUS
Unterer Schlossgarten
70190 Stuttgart

Tel. (07 11) 2 62 61 63
www.spielhaus-stuttgart.de

Gesteinsschichten, die auch wieder aus ganz unterschiedlichen Mineralien bestehen. Quarz, Glimmer und Feldspat sind die am häufigsten vorkommenden Mineralien. Über viele Tausend Jahre hinweg zersetzen sich Steine durch Wind, Wasser und die Temperaturschwankungen in kleinere Teile wie Kiesel oder Sand oder eben auch in Ton. Denn Ton ist das Zerfallsprodukt von Feldspat.

Im Spielhaus, das übrigens zur Jugendhaus gGmbH gehört, finden noch allerlei andere Aktionen wie zum Beispiel die Stuttgarter Kinder-Krimi-Wochen statt. In den beiden Wochen hast du die Qual der Wahl zwischen Lesungen bekannter Autoren, spannenden Kinofilmen, Theateraufführungen, Hörspielen, tollen Workshops und Krimi-Touren durch Stuttgart.

Das Spielhaus bietet immer ein großartiges Ferienprogramm

55

Sensapolis, oder:
WAS IST EINE OPTISCHE TÄUSCHUNG?

Das Sensapolis vor den Toren Stuttgarts ist eine Mischung aus Kindermuseum, Wissenschaftslabor und Indoor-Spielplatz. Mal ist dein Gleichgewichtssinn und mal dein Köpfchen gefragt.

Wo möchtest du zuerst hin in Sensapolis? In das Märchenschloss, auf das Piratenboot oder doch lieber in das Raumschiff? Während du im Schloss Geheimgänge und die Bibliothek erkundest, verkleidest du dich in einem Raum nebenan als Prinzessin oder Ritter. Auf dem Piratenschiff gehst du als Seeräuber auf Schatzsuche und in der Kletterwelt balancierst du in 14 Meter Höhe über schwankende Baumstämme, Brücken und Netze. Die Hauptattraktion ist das riesige Raumschiff „Second Solar", das sich über drei Ebenen erstreckt. Auf diesem Raumschiff fliegst du im Spiel auf virtuellen Spacebikes durch Asteroidenschwärme und kämpfst gegen feindliche Eindringlinge.

Wissenschaftler und Kletterexperte
Auf der zweiten Ebene des Raumschiffs gelangst du in die interaktive Ausstellung „Der Weltraum und wir". Dort lernst du, warum Sternschnuppen vom Himmel fallen und wie schwarze Löcher entstehen. Selbst zum Wissenschaftler wirst du, im Edutainment-Gebäude. Edutainment ist ein Kunstwort und bedeutet so viel wie „unterhaltsames Lernen". In diesem Gebäude darfst du nach Herzenslust experimentieren und lernst dabei einiges über unsere Erdgeschichte, optische Phänomene und die menschlichen Sinne.

Info

SENSAPOLIS
Melli-Beese-Straße 1
71063 Sindelfingen

Tel. (0 70 31) 20 48 53-0
www.sensapolis.de

Du nimmst auf einem Stuhl Platz, auf dem du plötzlich so klein wie ein Zwerg aussiehst. Natürlich ist das nur eine optische Täuschung. Bei einer optischen Täuschung meinst du etwas zu sehen, das in Wirklichkeit gar nicht zu sehen ist. „Schuld daran" sind nicht deine Augen, sondern auch dein Gehirn. Sehen ist nämlich ein aktiver Prozess. Dein Gehirn nimmt Sinnesdaten, die vom Auge geliefert werden, auf und interpretiert diese Daten mit bereits gemachten Erfahrungen. Wenn nun beides nicht zusammenpasst, dann kommt es zu einer optischen Täuschung: Das Gehirn interpretiert aufgrund seiner schon gemachten Erfahrungen die gelieferten Sinnesdaten falsch. Welche unterschiedlichen optischen Täuschungen es gibt, lernst du im Sensapolis kennen.

Hast du genug von der Wissenschaft, tobst du dich auf den Rutschen oder in der Wasserlandschaft aus.

Erkunde das Wissenscenter auf verschiedenen Entdeckertouren und löse knifflige Rätsel

56

Feuerbacher Kinderwerkstatt, oder:

WIE ENTSTEHT AUS NUR DREI FARBEN EIN BUNTES BILD?

Ob kleistern oder kleben, malen oder mit Ton arbeiten, schnitzen oder sägen: Hier in der Feuerbacher Kinderwerkstatt für Handwerk, Kunst und Fantasie kannst du dein künstlerisches Talent richtig ausleben.

Eine Werkstatt nur für Kinder gibt es schon seit über 40 Jahren im Stuttgarter Ortsteil Feuerbach. Seit den 90er-Jahren ist die Feuerbacher Kinderwerkstatt für Handwerk, Kunst und Fantasie ein eigener Verein.

In der Werkstatt besuchst du entweder einzelne Themen- oder längere Semesterkurse mit ganz unterschiedlichen Schwerpunkten. Kleine Kinder zwischen 3 und 5 Jahren dürfen in der Fantasiewerkstatt nach einer kleinen Anregung der Betreuer selbst eine Geschichte aus den unterschiedlichsten Materialien kreieren. In der Naturwerkstatt suchst du gemeinsam mit anderen Kindern draußen im Freien nach Materialien. Daraus bastelst du später Schmuck, Masken, Traumfänger oder was dir eben sonst so einfällt. In der Bildhauerei arbeitest du mit Materialien wie Holz, Ton und Papier und im Kinderatelier malst du mit Tusche, Ölkreiden und Wasserfarben Bilder.

Die Grundfarben

Versuche doch mal, nur aus den drei Grundfarben ein buntes Bild zu malen. Die Grundfarben, sie werden auch Pri-

Info

FEUERBACHER KINDERWERKSTATT FÜR HANDWERK, KUNST UND FANTASIE E. V.

Staufeneckstraße 5
70469 Stuttgart

Tel. (07 11) 8 17 92 37
www.hakufa.info

märfarben genannt, sind Gelb, Rot und Blau. Mischst du diese drei Farben in unterschiedlichen Kombinationen, entstehen daraus die drei Zweitfarben Orange, Violett und Grün. Mischst du nun die Erst- mit den Zweitfarben, entstehen Drittfarben. Und so kannst du also mit nur drei Farben ein richtig buntes Bild malen.

Auch in den Ferien kannst du in die Kinderwerkstatt kommen. Eine Woche lang geht's hier ganz schön rund. Jeden Tag begibst du dich zusammen mit anderen Kindern auf spannende Streifzüge durch die Natur, baust Staudämme, bastelst in der Holzwerkstatt Burgen, Raumschiffe und Boote oder formst Geschirr aus Lehm.

In den Ferien gibt es tolle Kurse

57

Internationales Trickfilm- festival, oder:

WO DARFST DU IM MUSEUM COMPUTER- SPIELE ZOCKEN?

?

Wenn der Schlossplatz zum Kino unter freiem Himmel wird, dreht sich in Stuttgart wieder alles um den Trickfilm. Beim Kinderfestival Tricks for Kids schaust du dir tolle Filme an, wirst zum Filmjuror oder produzierst selbst einen Film.

Egal ob klassischer Cartoon oder ein abendfüllender 3-D- animierter Computer-Spielfilm – während des Internatio- nalen Trickfilmfestivals, das jedes Jahr im Frühjahr stattfin- det, dreht sich alles um den Trickfilm. Auf dem Schlossplatz hängt dann eine riesige Leinwand. Viele Stühle stehen davor. Denn fast 80.000 Menschen besuchen jährlich das Festival. Und jeden Tag ab 14.00 Uhr laufen hier mitten im Herzen der Stadt Trickfilme für die ganze Familie. Von animierten Kurzfilmen über aktuelle Kinofilme – es ist alles dabei. Und das Beste: Es kostet nicht einmal Eintritt.

Tricks for Kids

Speziell für Kinder ist das Tricks for Kids. So heißt das Kinderfilm-Festival des Internationalen Trickfilmfestivals in Stuttgart. Im Wettbewerb um den besten animierten Kurzfilm für Kinder kannst du selbst zum Schiedsrichter werden. Wenn du Spaß an Film und Kino hast und du gern mit Gleichaltrigen über Filme diskutierst, dann bist du ein guter Juror für den Wettbewerb. Bewerben kannst du dich, indem du eine kurze Filmkritik verfasst und erzählst, wel- cher Film dich besonders beeindruckt hat und warum. Der Bewerbungsschluss ist meist Mitte März.

Info

FILM- UND MEDIENFESTIVAL GMBH

Stephanstraße 33
70173 Stuttgart

Tel. (07 11) 92 54 60
www.itfs.de

Schon seit 1982 gibt es das Trickfilmfestival in Stuttgart. Es ist das größte in Deutschland und sogar eines der größten weltweit. Das Internationale Trickfilmfestival fördert vor allem den Nachwuchs, also junge Filmemacher. Studenten verschiedener Film- und Kunsthochschulen dürfen ihre Filme zu verschiedenen Wettbewerben einreichen. An den Preisverleihungen kannst du sogar selbst teilnehmen.

Außerdem bietet das Trickfilmfestival jedes Jahr ein großes Rahmenprogramm an. In manchen Workshops lernst du die ersten Schritte der Trickfilm-Erstellung kennen. Im Kunstmuseum findest du übrigens die Game Zone. Nur während des Internationalen Trickfilmfestivals zockst du hier mit Freunden die neuesten Spiele und quatschst mit ihnen über die neuesten Gaming Trends. Und wenn du Filme lieber drinnen schaust – in allen Innenstadtkinos laufen während des Internationalen Trickfilmfestivals verschiedene Kurz- und Langfilme.

Die Vorstellungen auf dem Schlossplatz sind kostenlos!

58 Stutengarten, oder: WAS IST EIN STUGGI?

In den Sommerferien erwacht im Reitstadion in Bad Cannstatt eine ganze Stadt zum Leben. Eine Stadt, in der nur Kinder leben und regieren.

Es ist Nachmittag. Auf dem Bürgerplatz im Stutengarten versammeln sich 500 Kinder. Sie warten auf die Ausstrahlung der „Tagesschau". Eine Tagesschau, die vielleicht du selbst gefilmt, geschnitten und produziert hast, weil du seit heute ein Reporter bist.

Der Stutengarten ist eine Kinderspielstadt, eine Miniaturmetropole. Es wimmelt nur so von Hütten und Zelten. Die eine Hütte ist ein Bankgebäude, die andere eine Apotheke. Auch einen Zahnarzt, eine Feuerwache und eine Werbeagentur findest du auf dem Gelände. Es ist eben eine ganz normale Stadt. Nur einen Unterschied gibt es. Im Stutengarten leben nur Kinder. Abends schlafen alle aber natürlich in ihrem richtigen Bett zu Hause. Jedes Jahr im Sommer öffnet er für insgesamt 3 Wochen seine Tore. Für je eine Woche kannst du einen der begehrten Plätze ergattern. Die Anmeldung findet bereits im Frühjahr, meist im März, statt. Vielleicht weißt du noch gar nicht, was du für einen Beruf im Stutengarten ausüben möchtest. Dann besuchst du erst einmal die „Agentur für Arbeit".

Was möchtest du werden?

Die erwachsenen Mitarbeiter dort zeigen dir, was für Berufe es im Stutengarten gibt. Du hast hier die Wahl zwischen über 70 verschiedenen Jobs. Vielleicht gehst du zur Polizei oder zu den Zimmerleuten. Vielleicht aber auch in die Musikschule.

Info

STUTENGARTEN PROJEKTWERK
Viehhofstraße 10
70188 Stuttgart

Tel. (07 11) 9 97 89 61
www.stutengarten.de

Das Tolle ist, dass Menschen, die im echten Leben wirklich Polizist, Zimmermann, Koch oder sonst etwas sind, zu euch in den Stutengarten kommen. Gemeinsam mit einer Kräuterpädagogin stellst du dann in der Apotheke Ringelblumensalbe her oder baust mit dem Zimmermann einen echten Dachstuhl für ein neues Gebäude. Dem Zahnarzt hilfst du beim Plaque-Test und beim Bäcker backst du wirklich Brot und Brötchen. Für deine Arbeit bekommst du selbstverständlich auch einen Lohn, damit du bei deinen Mitbewohnern etwas kaufen kannst. Der fällt im Stutengarten für jeden Beruf gleich aus und wird in Stuggis ausgezahlt. Das ist nämlich die offizielle Währung hier im Stutengarten. Über 120 geschulte Mitarbeiter und ein Team von Pädagogen begleiten euch in eurer Stutengarten-Woche.

Sei schnell: Die Plätze sind oft in wenigen Minuten ausgebucht

59

Kinder- und Jugendfestival Stuttgart, oder:
WAS IST STACKING FÜR EIN SPORT? **?**

Einmal im Jahr verwandelt sich der Schlossplatz samt dem Oberen Schlossgarten rund um den Eckensee in einen großen Abenteuerspielplatz. Beim Stuttgarter Zeitung Kinder- und Jugendfestival sind dein sportliches Geschick, Köpfchen und deine Kreativität gefragt.

Mitten über dem Eckensee spannt sich eine lange Seilbahn. Gerade fliegt ein Kind über das Wasser, während im Eckensee selbst zwei Kinder auf einem lustigen Floß aus Wassertonnen durch die Gegend paddeln. Mit verbundenen Augen läufst du barfuß über einen Sinnespfad. Ist das etwa Holz oder vielleicht doch Sand unter deinen Füßen?

Bis zu 75.000 Menschen besuchen jährlich das Kinder- und Jugendfestival in Stuttgart. Kein Wunder bei dem tollen Programm. Ein Zelt gehört den Kreativen. Hier designst du deine eigene Stofftasche, bastelst aus Bändern bunte Blumenkränze, entwirfst eigene Buttons und lernst coole Tanzschritte kennen. Du kannst dir aber auch ein Airbrush-Tattoo machen lassen oder du besuchst den Kinderschmink-Stand. Läufst du auf dem Festgelände etwas weiter, riecht es auf einmal nach leckeren Waffeln. Im Kochzelt ziehst du dir eine Schürze an, schnappst dir den Kochlöffel und brutzelst dein eigenes Drei-Gänge-Menü. Wie ein Stromkreis funktioniert oder wie ein Blatt unter dem Mikroskop aussieht, erfährst du im Bereich Wissen und Technik. Action bekommst du auf der Riesenrutsche oder auf der Hüpfburg.

Info

STUTTGARTER ZEITUNG KINDER- UND JUGENDFESTIVAL
Schlossplatz
70173 Stuttgart
www.kinder-und-jugendfestival.de

Welcher Sport passt zu dir?

Außerdem präsentieren sich auf dem Kinder- und Jugend-festival über 50 Sportvereine aus Stuttgart und zeigen dir, welche Sportarten sie anbieten. Wer weiß, vielleicht ent-deckst du dort dein neues Hobby. Versuche dich doch mal im Lacrosse. Das ist der Sport, bei dem du mit einem lan-gen Stab mit einem Netz vorne dran Bälle wirfst und fängst. Vielleicht ist aber auch Stacking dein neuer Sport. Noch nie gehört? Stacking ist eine Einzel- und Teamsportart, bei der es darum geht, zwölf spezielle Becher, die sogenannten Speed Stacks, in vorgegebenen Formationen auf- und wie-der abzustapeln. Hört sich einfach an, ist es aber gar nicht. Versuch es mal!

Alle Akti-onen sind kostenlos

60

Stuttgarter Weihnachtsmarkt, oder:
WIE VIEL KILOMETER STROMKABEL BRAUCHT DER WEIHNACHTSMARKT?

Wenn Kinder auf dem Schlossplatz Schlittschuh laufen, die Fassade des Rathauses zum Adventskalender mit großen Türchen wird und vor der Markthalle eine lebende Krippe steht, dann ist Stuttgarter Weihnachtsmarkt.

Dampfend und zischend tuckert eine Eisenbahn über den Schlossplatz. Auf ihr sitzen viele Kinder. Sie schlängelt sich vorbei an Häuschen und Tannenbäumen. In der Luft liegt der Geruch von Waffeln und Lebkuchen. Der Stuttgarter Weihnachtsmarkt erstreckt sich vom Neuen Schloss über den Königsbau, den Karls- und Schillerplatz und das Alte Schloss bis hin zum Marktplatz. Bude an Bude reiht sich aneinander. Überall glitzert und leuchtet es. Über drei Millionen Besucher pilgern jedes Jahr in der Adventszeit nach Stuttgart, um die rund 300 Buden des Marktes zu besuchen.

Die Innenstadt leuchtet

Er ist aber auch einer der ältesten Weihnachtsmärkte in ganz Europa. Urkundlich erwähnt ist er zum ersten Mal 1692. Damals ähnelte der Weihnachtsmarkt noch eher einem Jahrmarkt. Seiltänzer balancierten durch die Höhe, Zauberer führten ihre Tricks vor und in verschiedenen Manegen zeigten Tanzbären, Elefanten, Tiger und andere Tiere ihre Kunststücke.

Wilde Tiere gibt es heute nicht mehr auf dem Weihnachtsmarkt. Dafür machen es sich nun in der Krippe gegenüber der Markthalle jährlich zwei Lämmer, Schafe, Ziegen und

> *Täglich finden Konzerte im Innenhof des Alten Schlosses und auf den Treppen vor dem Rathaus statt*

Info

WEIHNACHTSMARKT STUTTGART
www.stuttgarter-weihnachtsmarkt.de

Esel im Stroh bequem. Über das Eis gleitest du auf der Schlittschuhbahn direkt auf dem Schlossplatz. Und dann sind da noch die Glanzlichter. Das sind Illuminationen, die auf dem Schlossplatz und auf der Königsstraße erleuchten. Mal ist es ein Auto, mal ein riesiger Elefant, mal der Fernsehturm, der dich zum Staunen bringt. Die Lichtskulpturen bestehen aus Abertausenden LED-Lampen und stellen die touristischen Highlights von Stuttgart dar. Damit alles so schön leuchten kann, verlegt die Stadt jedes Jahr ganze 15 Kilometer Stromkabel.

Impressum

Bildnachweis

Isabell Krautberger, außer: Adobe Stock: S. 41, 73 (Africa Studio), 68 (JackStock), 104 (alexngm), 117 (hunterbliss), 119 u.l. (Branko Srot), 135 (Monkey Business), 149 (Oksana L, pholidito, PeSe); Bäderbetriebe Stuttgart: S. 107, 115; Buchstäbchen Stuttgart/Julia Sang Nguyen: S. 141; Cannstatter Volksfest/Thomas Niedermüller: S. 145; Carl-Zeiss-Planetarium: S. 48, 49; DAV-Kletterzentrum Stuttgart: S. 113; Die Zugvögel: S. 124, 125; Duda & HdW: S. 81 o., u.; DWJ GmbH: S. 151; Eiswelt

Stuttgart: S. 103; Feuerbacher Kinderwerkstatt: S. 159; Feuerwehrmuseum Stuttgart: S. 17; FITZ!: S. 137 o.l. (Robert Voss), o.r. (Michael Krauss), u.l. (Anne Klatt), u.r. (Thilo Neubacher); Islandpferde-Zentrum Stuttgart: S. 95; JES: S. 138 (Salome Sommer), 139 (o.: Tobias Metz, u.r.: Alex Wunsch); Kinder- und Jugendfestival: S. 164, 165; Landes-museum Württemberg: S. 15; Lang-Film: S. 97; Lindenmuseum Stuttgart: S. 25 (25 o. Harald Völkl); Märkte Stuttgart GmbH: S. 153; Museum am Löwentor/R. Pfisterer: S. 31 o., u.l.; NABU Stuttgart: S. 93; Neckarkäpt'n: S. 147; Karin Nehls: S. 13 o.; Porsche Museum: S. 27, 29; Ritter Sport: S. 39, 40; Schloss Rosenstein: S. 32 (M. Kovalenko), 33 u.r. (R. Pfisterer); Sensapolis: S. 157 (o.l.: Nicole Geck, o.r.: Ronny Schönebaum, u.r.: Sonja Bell); SMG_Werner Dieterich: S. 47; SMS–Stuttgarter Stadtgeschichten/Saeed Kakavand: S. 35 u.l.; Sprungbude: S. 126, 127, 128; Staatsgalerie Stuttgart: S. 23; Stadtpalais/Leif Piechowski: S. 111; Stadtpalais BauMit: S. 35 o., u.r.; Stjg: S. 109, 155, 163 (u.l.: Felix Einwächter); Stuttgart Marketing GmbH: S. 26, 55, 57 (Achim Mende), 59, 63, 65 (Achim Mende), 67 (Jean-Claude Winkler), 77, 78 r. (Romeo Felsenreich), 87 kl., 116, 119 o., 119 u.r. (Christoph Düpper), 133, 148; Stuttgarter Flughafen: S. 52 (str_kinderfest), 53; Stuttgarter Weihnachtsmarkt/Thomas Niedermüller: S. 167; SWR: S. 44 (MS_A. Mende), 45 (MS_A. Birnbaum); Tierschutzverein Stuttgart: S. 91; TMBW/Gregor Lengler: S. 64; Tourismus Events Ludwigsburg: S. 142, 143; Trickfilmfestival Stuttgart: S. 161; Jan Türk–www.atelier-froschkoenig.de: S. 99; Wilhelma Stuttgart: S. 71, 72; Württemberg Alpakas: S. 101

Bibliografische Information der Deutschen Nationalbibliothek
Die Deutsche Nationalbibliothek verzeichnet diese Publikation in der Deutschen Nationalbibliografie; detaillierte bibliografische Daten sind im Internet über http://dnb.d-nb.de abrufbar.

© 2020 Droste Verlag GmbH, Düsseldorf
© I. Schmitt-Menzel/Friedrich Streich
WDR mediagroup GmbH
Lektorat: Kirsten Witte-Hofmann, Leipzig
Satz und Gestaltung: Droste Verlag
Druck und Bindung: Gutenberg Beuys Feindruckerei GmbH, Langenhagen
ISBN 978-3-7700-2074-4

www.drosteverlag.de